Goede Gendrich

Oh, diese Jäger

Goede Gendrich

Oh, diese Jäger

Heitere Geschichten
von Jägern und Jungfern,
von Schelmen und Schabernack

Landbuch

Schutzumschlag: Hannes Liederley

Landbuch-Verlag GmbH, Hannover, 1982

Zeichnungen: Fritz Meinhard, Stuttgart

Satz: K.-K. Wäsch KG, Hannover

Druck und buchbinderische Verarbeitung:
Landbuch-Verlag GmbH, Hannover

ISBN 3 7842 0259 4

Inhalt

Ein nicht unbedingt erforderliches

Vorwort

Cicero hat einmal gesagt: „Ich finde, ein leidlich gebildeter Mensch kann über jedes Thema witziger sprechen als über den Witz."

Auf die Frage, was Humor sei, gibt es eine nicht weniger berühmte Antwort: „Humor ist, was man bestimmt nicht hat, wenn man's definiert."

Also täte ich als Autor besser daran, auf ein erläuterndes Vorwort zu einem Buch, das Anspruch auf Witz und Humor erhebt, zu verzichten?

Lassen Sie uns, liebe Leser, dennoch die Begriffe des Bereichs der Heiterkeit – Witz, Humor, Komik – ein wenig ausloten. Und zwar mit Hilfe einer Landkarte. Sie haben richtig gelesen – es gibt eine Landkarte des Humors, und zwar in Form eines unter diesem Titel verfaßten Aufsatzes des berühmten Kunsthistorikers Wilhelm Pinder, den er mit den Sätzen beginnt:

„Witz beweist nicht mehr als scharfen Geist, Humor ist seelischer Überschuß. Witz ist Betätigung im Gegenwärtigen, Humor ist Verhältnis zum Ewigen. Witz schafft Helle; Humor schafft Tiefen. Witz schneidet; Humor bindet – es gibt keinen ‚schneidenden Humor' und es gibt keinen ‚herzlichen Witz', aber es gibt schneidenden Witz, und jeder echte Humor stammt aus dem Herzen."

Philosophie der Heiterkeit! So weit – so gut.

Dann aber – und das erscheint mir nun doch für die Geschichten, wie sie im folgenden dargeboten werden, nicht unwesentlich – schreibt Pinder im weiteren: „Witz ist eine einzelne Leistung, Humor ist volkhafte Gabe. Geschichte des Witzes liegt nicht so nahe wie Topographie des Humors. ‚Witze', die oft schon eine Nachbargegend nicht mehr versteht, sind eben Humor." Damit hat uns Pinder auf eine wichtige Tatsache aufmerksam gemacht: auf die landschaftliche Verwurzelung des Humors.

Der Landbuch-Verlag hat seiner heiteren Buchreihe den Titel ‚Jagd und Humor' gegeben und mit diesem Titel bereits eine spezielle ‚Topographie des Humors' aufgezeichnet: das Reich des Jägers, das Dorf, den Wald, das Feld, die Flur.

Anders als in der Stadt begegnen sich hier die Menschen. Was in der Stadt eine einzige Hauswand ein ganzes Leben hindurch zu trennen vermag, das reißt auf dem Land die Weite einer ganzen Gemarkung auch nicht einen Tag auseinander.

Das Dorf hat nur wenige Straßen, auf denen niemand, und seien sie noch so breit, dem anderen ausweichen kann. Jeder kann in jedes Fenster blicken, mit frohen und mit scheelen Augen. Und was die Augen nicht sehen, das wird den Ohren zugetragen. Dem Scherz wie dem Schabernack, dem Spaß wie dem Gespött ausgesetzt, vermag niemand dem anderen zu entgehen. Es mag ihm noch so gleichgültig sein, doch sein Glück ist das Glück oder der Stachel des anderen. Denn mit ihm muß er leben, mit ihm weinen oder lachen, ob es nun mit oder gegen seinen Willen geschieht.

Keiner ist im Dorf dem anderen fremd. Daher geschieht auch nichts im Dorf, was irgend jemand befremden könnte. Nicht daß sich jeder mit jedem an einen Tisch setzt, nein, es ist nur, daß niemand um den anderen herum kommt und jeder gegenwärtig ist und mit seiner Gegenwart das Dorf ausfüllt. In der Stadt stoßen Steine aufeinander, im Dorf Menschen mit all ihren Schwächen und Leidenschaften, doch auch mit ihrem Frohsinn und ihrem Übermut. Nur im Dorf, in der ländlichen Idylle, können sich Witz, Humor und Komik so drastisch äußern, wie sie Ihnen, liebe Leser, in den folgenden Geschichten begegnen.

Ausgerechnet Arthur Schopenhauer, der Erzvater des Pessimismus, prägte das Wort: „Wir sollen der Heiterkeit Tür und Ohr öffnen, denn sie kommt nie zur unrechten Zeit. Sie ist gleichsam die bare Münze des Glücks und nicht, wie alles andere, bloß der Bankzettel; weil nur sie unmittelbar in der Gegenwart beglückt. Wer fröhlich ist, hat allemal Grund, es zu sein, nämlich, daß er es ist."

Wenn hierzu die nachstehenden Geschichten ein wenig beitragen, hat sich mein Wunsch, Sie, liebe Leser, auf heitere Weise zu unterhalten, erfüllt.

Gewiß werden Sie sich fragen, ob das, was Ihnen hier serviert wird, tatsächlich geschehen sei. Seien Sie versichert, jede Geschichte hat sich so zugetragen, wie ich sie Ihnen schilderte – auch wenn ich sie hier und dort ein wenig ‚grün gemacht' habe.

Eschede, im Frühjahr 1982 Goede Gendrich

Hinnerks scharfe Zunge

Hinnerk Kracht, seines Zeichens Strelitzer Revierförster, hat Sorgen. Seit einigen Wochen ist es in seinem Revier an der preußischen Grenze nicht geheuer. Verdächtige Schüsse fallen, das Wild ist verstört, zwei Aufbrüche, die ihm sein Rauhhaarteckel verweist, lassen keinen Zweifel mehr zu – bei ihm wird gewildert.

Tag und Nacht ist Hinnerk auf den Läufen, sitzt bis in die Dunkelheit im Schatten der Dickungsränder, überwacht die in sein Revier führenden Wege. Nichts bringt ihn der Aufklärung der rätselhaften Schüsse, der Identifizierung des unbekannten Halunken näher.

Bis er eines Morgens im Nebel einen Kahn über den Giesenschlag-See gleiten sieht. Der Nebel verschluckt das Boot, doch Hinnerk weiß nun, daß der Lump aus dem Preußischen kommt.

Zwei Tage sitzt Hinnerk Kracht vergeblich am See an. Am dritten hört er morgens, noch stehen die Sterne über ihm, leise Ruderschläge, die sich dem Strelitzer Ufer nähern. Schemenhaft taucht ein flacher Teerkahn auf, ein Mann lenkt ihn ins Schilf, dann ist es wieder still wie zuvor.

Hinnerk rührt sich nicht; unter dem Schirm einer tiefbeasteten Fichte verborgen, wartet er ab. Er weiß, daß es sinnlos wäre, den Mann zu stellen, bevor er nicht an Land gegangen ist. Und auch dann noch muß er damit rechnen, daß der Kerl unbewaffnet ist, daß er seine Büchse irgendwo im Strelitzer Revier verborgen hält. Nichts könnte er ihm nachweisen, nur dumme Redensarten würde er zu hören bekommen, wie: nirgendwo sei es verboten, sich an Land oder auf dem See der herrlichen Natur zu erfreuen; oder: man könne doch auch mit einem Kahn zum Pilzesammeln fahren.

Nein, Hinnerk muß warten, bis es heller geworden ist, bis es wiederum geknallt hat und er den Lumpen am gestreckten Wild stellen und überführen kann. Nun, da er weiß, wo der Kahn am Ufer im Schilf verborgen liegt, dürfte es auch nicht schwerfallen, dem Burschen notfalls den Fluchtweg abzuschneiden.

Endlich, die ersten Sonnenstrahlen liegen bereits auf den Kiefernwipfeln, knallt es. Im Jagen 13, denkt Hinnerk Kracht; das trifft sich gut, dorthin kann er ungesehen auf dem Pirschsteig durch die Gräwingsdickung gelangen. Und eilig macht er sich auf den Weg.

Was Hinnerk nicht weiß: Der Wilddieb hat einen Rehbock gefehlt und kennt ebenfalls den heimlichen Pirschsteig. Auf halbem Wege stoßen beide aufeinander. Bevor Hinnerk den, wie er nun sieht, bewaffneten Lumpen anrufen kann, rettet sich dieser mit einem gewaltigen Satz in die Dikkung und flüchtet querbeet in Richtung zum See, um zu seinem Kahn zu gelangen. Vorbei ist es mit dem Plan, ihm den Weg abzuschneiden, und Hinnerk bleibt nichts anderes übrig, als ihm zu folgen.

Atemlos, keuchend, gelangt er an den See. Zu spät – der Kerl sitzt bereits im Kahn und zieht mit mächtigen Ruderschlägen vom Ufer fort. Wütend schreit Hinnerk Kracht hinter ihm drein:

„Lat di nich wedder in mienen Busch sehn, Preuß, verdammichter! Dat nächst Mal scheet ick di 'ne Ladung Schrot in de Jack!"

„Wer mi faten will, möt früher upstahn as du", bölkt der Wilderer zurück.

„Ick krieg di schon. Dor verlat di up!"

„Weetst du, wat du mi kannst?" blafft der Kerl ihn an, läßt die Hose runter und zeigt Hinnerk höhnisch den blanken Hintern.

„Wat? Ick sall di? – Dat kannst hebben." Und schon donnert Hinnerk ihm auf fünfzig Gänge eine Ladung Schrot auf den nackten Spiegel.

Fluchend geht der Wilddieb hinter der Bordwand in volle Deckung.

„Tjä", ruft Hinnerk ihm befriedigt nach, „dat hest woll nich glöwt, dat mien Tung'n so lang is?"

Hinnerk hat nie erfahren, wem er so mit seiner „langen Zunge" über den Hintern gefahren ist; in seinem Revier hat er den Kerl nie mehr gesehen.

Koenen de Strelitzer ok scheeten?

Bis 1918 waren die beiden mecklenburgischen Länder Schwerin und Strelitz Großherzogtümer. Dann wurden sie Freistaaten und 1934, ohne Zustimmung ihrer Bürger, zu einem Land Mecklenburg vereinigt.

Ich weiß nicht, mit welchem Tag die freundnachbarliche Rivalität zwischen den beiden Ländern begann. Vielleicht war es der 8. März 1701, an dem der Hamburger Teilungsvertrag unterzeichnet wurde, der Adolf Friedrich II. seinen Sitz in Strelitz und Friedrich Wilhelm seine Residenz in Schwerin wählen ließ; vielleicht liegt dieser Tag in noch fernerer Vergangenheit. Gegenseitig anfrotzeln aber werden sich die alteingesessenen Schweriner und Strelitzer wohl noch im nächsten Jahrhundert.

Nach Meinung der Schweriner bestand das Land Strelitz nur aus Sand und Wasser, während die Strelitzer ihre Nachbarn ob deren Kurzsichtigkeit bemitleideten, waren sie doch überzeugt, daß deren Blick nicht weiter als bis an die gemeinsame Grenze reichte; wie sonst konnten sie bezweifeln, daß Mecklenburg-Strelitz das schönste Land auf Gottes Erdboden ist!

Die 1934 verfügte Vereinigung beider Länder hatte, von den Strelitzer Forstbeamten keineswegs begrüßt, zur Folge, daß etliche von ihnen vakante Dienststellen im Schweriner Land übernehmen mußten; unter ihnen auch der junge Revierförster Peter Prahl, den es in das südöstlich von Rostock gelegene Forstamt Cammin verschlug.

Es war Herbst, als er dort seinen Dienst antrat. Im November nahm er im Revier Kronskamp an einer ersten Drückjagd auf Rotwild und Sauen teil. Bei dieser Gelegenheit lernte er seinen Kronskamper Nachbarn, den Revierförster Reinhard Scholz, kennen.

„Waidmannsheil, Kollege Prahl! Sie kommen aus Land II?“

„Was heißt Land II? Ich komme aus dem Land Strelitz.“

„Na, das ist doch Land II.“

„Und weil Sie auf Ihren paar Schweriner Autos das Kennzeichen M I haben, ist für Sie Schwerin das Land I?“

„So ist es, lieber Kollege Prahl!“

Doch nicht genug dieser natürlich in breitestem Mecklenburger Platt vorgetragenen Frotzelei – es mußte auch noch die Frage folgen: „Koenen de Strelitzer ok scheeten?“

Was sollte Peter Prahl darauf antworten? Zu beteuern, daß er, wie alle Strelitzer Grünröcke, gewiß nicht schlechter schieße als die Schweriner Kollegen, schien ihm überflüssig. Im übrigen – der Teufel konnte seine Hand im Spiel haben; ein Fehlschuß, und er war der Blamierte. Also zuckte er nur mit den Achseln, grinste und rang sich schließlich zu der bescheidenen, seinem Selbstbewußtsein jedoch keineswegs abträglichen Antwort durch:

„Wir werden ja sehen!“

Als erstes wurde eine größere Feldaufforstung, ein reiner Fichtenbestand am Rand eines Buchenaltholzes, getrieben. Da Sauen in der Dickung vermutet wurden, übergab Reinhard Scholz seine beiden Terrier dem Haumeister mit der Anweisung, sie bald nach dem Angehen der Treiber zu schnallen.

Peter Prahl hatte, etwa achtzig Gänge von der Dickung entfernt, einen Stand im Buchenaltholz, in den sogenannten „Treppen“, zugewiesen bekommen. Links von ihm stand der bereits recht betagte Forstamtsleiter, zur Rechten hatte Reinhard Scholz Posten gefaßt.

Die „Treppen“ verdankten ihren Namen dem durch Moränenbildung stufenförmig abfallenden Gelände, das Peter Prahl Einblick in eine wohl zwanzig Meter tiefe Schlucht gewährte, die sich hinter seinem Stand schräg in das Buchenaltholz erstreckte. Scholz konnte die Schlucht nicht einsehen.

Weiße Wolken zogen geruhsam über das Meerblau eines endlosen Himmels. Ein Häher strich plärrend über die Buchenwipfel. Dann war es wieder still wie zuvor. Bis plötzlich der helle Keif der Jagdterrier einsetzte. Peter packte seine Büchse fester und blickte angespannt auf den Dickungsrand, dem sich die Hatz eines einzelnen Hundes näherte. Indem flüchtete auch schon ein Fuchs aus dem schützenden Dickicht und suchte zwischen Peter Prahl und Scholz dem Treiben zu entkommen. Als er die Schützenkette passiert hatte, zog Peter mit und schoß. Kurz vor dem Absturz zur Schlucht faßte die Kugel den Rotrock auf etwa achtzig Gänge. Sich mehrfach überschlagend, rollte er den Hang hinunter und blieb regungslos in der Schlucht liegen. Befriedigt beobachtete Peter mit dem Glas, wie sich wenig später der Terrier auf den Fuchs stürzte und ihn heftig beutelte.

Ein Meisterschuß, dachte Peter; den soll mir einer der Schweriner Kollegen erst einmal nachmachen.

Das Treiben ging vorüber, ohne daß Peter nochmals zu Schuß kam. Die Treiber fanden sich bei ihm ein, und auch Reinhard Scholz kam von seinem Stand herüber.

„Waidmannsheil, Kollege Prahl! Wirklich – ein guter Schuß!
Aber um eines möchte ich Sie für die Zukunft bitten: Schießen Sie in meinem Revier nicht wieder mit der Büchse auf einen Fuchs; das Teilmantelgeschoß zerfetzt den Balg, und ich muß ihn hernach wieder zusammenflicken. Sie wissen doch, daß bei uns in Mecklenburg alles Raubwild, auch das auf den Jagden erlegte, dem Revierinhaber gehört. Was zahlt mir der Händler nun noch für den entwerteten Balg?!“

„Das ist mir durchaus bekannt, Kollege Scholz! Aber wer sagt Ihnen, daß dieser Fuchsbalg nicht mehr zu verwerten ist?“

„Das kann man sich doch denken. Bei dem Kaliber, das Sie schießen...“

„Kollege Scholz, wie kann der Balg eines Fuchses zerfetzt sein, dem ich die Kugel auf den Kopf setzte?“ – Der Fuchs lag noch immer hundert Gänge von Peters Stand entfernt in der Schlucht. –

„Sie wollen doch nicht etwa behaupten, Sie hätten dem flüchtigen Fuchs auf mehr als achtzig Gänge bewußt die Kugel auf den Kopf gesetzt?"

„Aber, Kollege Scholz, ich weiß doch, wohin ich schieße!" Peter blieb todernst. „Die Kugel sitzt genau zwischen dem rechten Seher und dem rechten Gehör. Mit einem solchen Schuß ist der Balg doch nicht entwertet."

„Wollen Sie mich auf den Arm nehmen? Für einen derartigen Schuß kann kein Jäger garantieren."

„Ein Strelitzer schon, Kollege Scholz! Und wenn Sie es nicht glauben wollen – bitte, lassen Sie doch den Fuchs von einem der Treiber holen, dann werden Sie es ja sehen."

Der Fuchs wurde geholt – die Kugel saß abgezirkelt zwischen Seher und Gehör auf dem Kopf. Dem Revierförster Scholz verschlug's die Sprache, er wußte nichts mehr zu sagen. Kopfschüttelnd und völlig konsterniert ging er davon, um das nächste Treiben anzusetzen. Peter grieflachte hinter ihm drein: „Wenn du wüßtest, lieber Scholz! Aber wie könntest du auch ahnen, daß..."

Am Nachmittag schoß Peter noch einen dreijährigen Keiler, der ihn gemächlich im Stangenholz anlief; es war kein Kunststück, ihn mit sauberer Kugel zu strecken. Wie zumeist in den wildreichen Revieren des Forstamtes Cammin, brachte auch dieser Tag eine reiche Strecke.

Abends beim Schüsseltreiben sah Peter seinen Schweriner Kollegen Scholz bald mit diesem, bald mit jenem Schützen tuscheln, und unschwer entnahm er dessen Blicken und Gesten, das ihn immer noch der rätselhafte Meisterschuß auf den Fuchs beschäftigte. Doch Peter war schlau genug, mit überzeugender Nonchalance daran vorbeizugehen. Nichts an ihm verriet, daß er sich sehr wohl bewußt war, als außergewöhnlich sicherer Schütze Mittelpunkt der grünen Korona zu sein.

Weitere Jagden folgten, und es konnte nicht ausbleiben, daß auch Peter eines Tages ein Stück Wild vorbeischoß, das leicht zu haben gewesen wäre. Scholz, selbst ein hervorragender Kugelschütze, sah das. Und da die beiden inzwischen gute Nachbarn und Freunde waren, fragte Reinhard:

„Peter, irgendetwas ist doch seinerzeit bei der Erlegung des Fuchses in den Treppen nicht mit rechten Dingen zugegangen. Heute hast du ein Stück Rotwild auf sechzig Gänge glatt vorbeigeschossen – wie konntest du dir damals so sicher sein, daß deine Kugel den Fuchs genau zwischen Seher und Gehör gefaßt hatte?“

„Nichts einfacher als das, Reinhard! Was du nicht beobachten konntest: Ich sah deinen Terrier den Fuchs in der Schlucht beuteln. Dann sah ich mit dem Glas den Hund am Kopf des Fuchses schnuppern; er verwies mir geradezu den Einschuß.“

„Sooo war das! Naja, trotzdem – schießen kannst du ja.“

„Nicht wahr, Reinhard – scheeten koenen de Strelitzer!?“

„Tjä, Peter – un vörbischeeten koenen se ok!“

Die Erste

Ich kannte sie beide noch: die Revierförster Wilhelm Flott und Franz Schelm.

Der eine, Wilhelm Flott, war vor nunmehr fast einem halben Jahrhundert für kurze Zeit mein Lehrchef gewesen, während der andere, Franz Schelm, oft im Hause meiner Eltern verkehrte und von uns Kindern Onkel genannt wurde. Franz war ein listiger, fintenreicher Fuchs, dessen roter Haarschopf mich damals tief beeindruckte. Einmal – ich war knapp drei Jahre alt – wurde ich gefragt:

„Du hast einen kleinen Bruder bekommen? Wie heißt er denn?"

„Ja", antwortete ich strahlend, „er heißt Franz, Franz Schelm, und rote Haare hat er auch."

Röhrendes Gelächter der im Schwarzen Adler bechernden Grünröcke. Meine Eltern waren sicher weniger ergötzt. Da ich den Namen Franz stets nur in Verbindung mit „Schelm" gehört hatte, stand es für mich fest, daß mein rothaariger Bruder eben Franz Schelm hieß. Meine Eltern, noch manches Jahr deswegen gehänselt, nahmen es mit Humor hin.

Beide, Franz Schelm und Wilhelm Flott, waren noch großherzogliche Jäger, als sie in der Oberförsterei Mirow im Großherzogtum Mecklenburg-Strelitz Dienst taten.

Als die Bachstelze das Nahen des Frühlings und der ersten Schnepfen ankündigte, waren sie beide Abend für Abend draußen in den von Seen und Mooren reich durchsetzten Revieren der Oberförsterei, um nicht etwa eine x-beliebige, sondern möglichst die erste Schnepfe des Jahres zu schießen. Für die erste Schnepfe nämlich, durch reitenden Boten der großherzoglichen Küche in der Residenz Neustrelitz überbracht, zahlte nach altem Brauch der Großherzog dem Erleger ein goldenes Zehnmarkstück. Die Aussicht, daß Wilhelm oder Franz die erste Schnepfe des Jahres erbeutete, war in dem kleinen Herzogtum, das seinerzeit wenig mehr als hunderttausend Seelen zählte und keine hundert Forstleute in seinem Dienst sah, keineswegs gering.

Eines Abends suchen die beiden, ohne voneinander zu wissen, das für seinen guten Schnepfenzug bekannte Revier Leussow auf. Der Tag weicht der Dämmerung, in den verblassenden Himmel stellt sich der Abendstern, als Wilhelm Flott am Schanzenbruch eine Schnepfe schießt. Fast im selben Augenblick fällt nahebei in den Schanzen ein zweiter Schuß. Hastig, von bösen Ahnungen befallen, stopft Wilhelm seine Schnepfe in den Rucksack. Da taucht auch schon Franz Schelm auf.

„Du bist das, Wilhelm! – Hast du sie?"

„Wen soll ich haben?"

„Frag nicht so dumm! Du hast doch vor drei Minuten eine Schnepfe geschossen."

„Ich? – Nee, Franz!" lügt Wilhelm. „Aber du hast..."

„Pech, Wilhelm! Meine flog auch davon." Franz grient, und mißtrauisch mustern die beiden einander.

„Also dann..."

„Was – also dann?"

„Ich meine, dann können wir nun gemeinsam nach Hause gehen."

„Tjä, Wilhelm das können wir."

Inmitten des Leussower Reviers liegt einsam ein winziges Bahnwärterhäuschen, die Blockstation Zirtow. Frau Köter betreut sie. Viel Arbeit bereiten ihr die dreimal am Tag passierenden Züge der Mecklenburgischen Friedrich-Wilhelm-Eisenbahn nicht. Um ihr spärliches Einkommen aufzubessern, unterhält sie einen Ausschank, der sich auf Rostocker Doppelkorn und Flaschenbier der Mirower Brauerei Lusch beschränkt. Ihre besten und fast einzigen Kunden sind die Forstbeamten.

Als die beiden im Dunkeln auf ihrem Heimweg an die Blockstation gelangen, schlägt Wilhelm vor, bei Frau Köter einzukehren. Vielleicht fällt ihm inzwischen ein, wie er sich unverdächtig von Franz trennen kann.

„Aber nur auf ein Bier und einen Doppelkorn!" erklärt sich Franz Schelm bereit.

Der kleine Warteraum – er dient Frau Köter gleichzeitig als Wohnzimmer – ist von einer Petroleumlampe spärlich beleuchtet. Ihr Licht reicht jedoch aus, Wilhelm eine Feder auf dem Rucksack seines Rivalen erkennen zu lassen, die Feder einer Schnepfe!

Also doch, denkt Wilhelm und überlegt krampfhaft, wie er Franz loswird, um allein auf dem kürzesten Weg zur Oberförsterei zu gelangen und dort „die Erste“ beim Oberförster v. Strahlenbach abzuliefern.

„Franz“, sagt Wilhelm nachdem er die Zeche bezahlt hat, „morgen ist Holzauktion im Schwarzen Adler; ich muß noch die Verkaufslisten aufrechnen. Für mich wird's Zeit aufzubrechen. Wenn du noch hierbleiben willst...“

Doch Franz will nicht; so harmlos Wilhelm auch tut, hinters Licht läßt er sich von ihm noch lange nicht führen. Keinen Augenblick zweifelt er daran, daß auch Wilhelm eine Schnepfe im Rucksack hat.

„Nee, Wilhelm! Ich komme mit; laß uns nur zusammen gehen.“

Wilhelm antwortet nicht, sein Schweigen macht ihn noch verdächtiger.

Je näher sie in der Dunkelheit dem Städtchen Mirow kommen, desto einsilbiger wird Wilhelm. So sehr er sich sein Gehirn auch zermartert, er findet einfach keinen plausiblen Grund, den wie eine Klette an ihm haftenden Kollegen abzuschütteln. Und ob er es will oder nicht – im Anblick der hell erleuchteten Fenster des Städtchens setzt er seine Füße schneller und schneller voreinander. Schließlich, einen anderen Ausweg sieht Wilhelm nicht mehr, sind es nur noch

die Füße, die ihn diese Situation meistern lassen können. Und auf sie, das weiß er, kann er sich verlassen.

Noch hält Franz das Tempo. Doch als Wilhelm nun alles auf eine Karte setzt und dreihundert Meter vor dem Ziel zum Endspurt anhebt, fällt er mehr und mehr zurück.

Mit zwei, drei Sätzen springt Wilhelm leichtfüßig die erleuchtete Freitreppe zur Oberförsterei hinauf, reißt seine Schnepfe aus dem Rucksack, schwenkt sie triumphierend in der ausgestreckten Hand und verharrt in dieser Geste spöttischen Hohns solange, bis auch Franz die Freitreppe erreicht hat. Erst dann verschwindet er im Haus.

Doch Spott und Hohn zahlen sich nur selten aus, und wer zuletzt lacht, lacht am besten.

Kaum ist Franz, atemlos keuchend, auf der Freitreppe angelangt, erfaßt sein Blick ein helleuchtendes Fenster und dahinter am Schreibtisch seinen Vorgesetzten, den Oberförster von Strahlenbach. Ein Blick, ein Griff in den Rucksack, ein kräftiger Wurf – und durch die zerscheppernde Fensterscheibe fliegt Franzens Schnepfe in dem Augenblick auf den Schreibtisch seines Vorgesetzten, als Wilhelm vom Flur her in das Zimmer tritt.

„Verdammter Rotfuchs!“ entfährt es Wilhelm in seiner Wut.

„Mir sieht das mehr nach einer Schnepfe aus, lieber Flott“, entgegnet ihm mit bewunderungswürdiger Gelassenheit Oberförster von Strahlenbach. „Gewiß ist es die erste dieses Jahres. Wissen Sie, wer sie erlegte?“

„Der – der...“

„Ah, der ‚Rotfuchs‘, nicht wahr!? Ja, wie heißt es bei uns in Mecklenburg doch so treffend: ‚Klook sünd väl Lüüd; oever plietsch mööt man wäsen‘.“

Franz Schelm erhielt vom Großherzog ein goldenes Zehnmarkstück. Und weil die Wurf- und Schlagfertigkeit seines Jägers Schelm Serenissimus köstlich amüsierte, zahlte er obendrein die Kosten für die zerbrochene Fensterscheibe.

So jedenfalls wurde es mir oft und oft im Kreis der Grünröcke erzählt. Und daß etwas Wahres an dieser Geschichte ist, bestätigte mir Wilhelm Flott selbst, als ich ihn einmal danach fragte. Zwar antwortete er mir nicht: „Jawohl, so war es!“, doch sobald ich nur den Namen Schelm fallen ließ, verzog sich sein Gesicht, nach mehr als dreißig Jahren noch, so schmerzhaft, daß mir seine Miene alles verriet.

Die meßbare Moral des Zwickel-Kommissars

Während sich heute die Freikörperkulturisten auf ihnen zugewiesenen Plätzen tummeln und der wohlangezogene Bürger nur noch par distance einen entrüstet-begehrlichen Blick auf die Nackten zu werfen vermag, bewegten die Nudisten sich um 1930 völlig ungebunden in der Landschaft; wo immer ihnen die Sonne schien, zogen Wald und Wasser sie an – und sie selbst sich aus.

Als Fabian im Frühjahr seinen Dienst in einem an den vielen Havelseen gelegenen Forstamt antrat – er war gerade siebzehn Jahre alt geworden –, beauftragte ihn der Forstamtsleiter, täglich die Zeltlagerplätze an den Seen zu kontrollieren. Wie delikat diese Aufgabe war, sollte Fabian bereits bei seinem ersten Kontrollgang erfahren.

Fröhlich näherte er sich des Morgens einem Lagerplatz am Zootzen-See. Als sich ihm der Blick auf den von Dickungen umgebenen Platz öffnete, stockten ihm Fuß und Atem: Drei splitternackte Mädchen tummelten sich vor ihrem Zelt in der Sonne so arglos, als gäbe es neben Gottes zufriedenen Augen keine weiteren, die dieses paradiesische Idyll genießen könnten.

Verwirrt trat Fabian in den Schatten der Dickung zurück. Das Herz klopfte ihm hörbar, und er wußte nicht, was er

nun tun sollte. Dienstlich war er gehalten, die Mädchen zu fragen, ob sie im Besitz eines Zeltlagerscheins seien, und wenn das nicht der Fall war, ihnen einen solchen gegen eine Gebühr von zwei Reichsmark auszustellen. Dem aber stand seine Schüchternheit entgegen.

Zwischen Schüchternheit und Pflichtgefühl hin- und hergerissen, griff er schließlich zum Fernglas, als könne er damit eine Entscheidung herbeiführen. Doch die achtfache Vergrößerung stellte ihm nur noch deutlicher vor Augen, was zu sehen er sich zwar nicht versagen wollte, dem zu begegnen ihm aber der Mut fehlte. Schüchtern beschloß er abzuwarten, bis die Mädchen sich ins Zelt begeben und angezogen wieder erscheinen würden.

Gewiß, die Zeit wurde Fabian nicht lang, so ausdauernd sich die Mädchen auch der Sonne hingaben. Vor ihm aber lagen drei weitere Seen, an deren Ufern er noch ein halbes Dutzend Lagerplätze aufzusuchen hatte. Was ihm hier begegnete, konnte sich dort zeitraubend wiederholen, und am Ende müßte er sich eingestehen, seinen Auftrag nicht erfüllt zu haben. Also pack an, befahl er sich, was dir aufgegeben! Sehen dich die Mädchen, dann werden sie schon ins Zelt hüpfen. Und schon betrat er forsch den Lagerplatz.

Ahnungsloser Fabian! Hatte er geglaubt ein Rudel Kahlwild vor sich zu haben, das bei seinem Erscheinen flüchten würde, so sah er sich im nächsten Augenblick von den Damen umringt, die ihn mit einem fröhlichen „Grüß Gott, Herr Förster!“ willkommen hießen. Und so sie überhaupt etwas mit einem Rudel Wild gemeinsam hatten, war es ausschließlich das Behagen, mit dem sie sich weideten – und das an Fabians grenzenloser Verlegenheit.

Um dieser peinlichen Situation Herr zu bleiben, forderte er die Mädchen auf, ihm „die für die Benutzung des Lagerplatzes erforderliche Genehmigung in Form eines Zeltlagerscheines“ (so umständlich drückte er sich in seiner Verlegenheit aus) vorzuweisen.

Doch die Mädchen besaßen eine solche Genehmigung nicht. Hingegen fragten sie ihn, ob er nicht mit ihnen im Zelt frühstücken wolle. Schließlich, als sie sahen, daß er durch nichts von seiner Pflicht abzubringen war, ließen sie sich einen Schein ausfertigen. Daß sie diesen mit Ein-, Zwei- und Fünfpfennigstücken bezahlten, machte ihre Absicht nur noch deutlicher, ihn doch noch zu längerem Verweilen zu animieren. Fabian aber, obgleich ihm die Münzen in der Hand schepperten, der Schweiß von der Stirn lief und die Augen im Anblick der unverhüllten Reize übergingen, blieb bis zum letzten Pfennig standhaft. Dann verließ er, überzeugt, den schweren Anforderungen des Dienstes gerecht geworden zu sein, den Lagerplatz. Heute, vierzig Jahre später, hätte er eine andere Antwort auf eine solche Herausforderung gefunden!

Der Anblick der sich in der Landschaft tummelnden Nackten wurde für Fabian bald etwas Alltägliches, dem er kaum mehr Beachtung schenkte. Eines Tages – Fabian verbrachte seinen Urlaub in der benachbarten Försterei seines Vaters

– fuhr er mit seiner Mutter, seinem Bruder und seiner Tante im Kutschwagen zur Stadt. Der Weg führte sie durch Fabians Lehrrevier. An einer Wiese stießen sie unvermittelt auf eine Schar nackter Männlein und Weiblein jeden Alters und jeder Proportion. Inmitten einer Herde Kühe hüpften sie hinter einem Ball drein und brachten mit ihrem Spiel den Hirten ebenso wie das Vieh durcheinander.

Während Fabians Mutter, die Lippen zusammengepreßt, die Pferde zu schnellerer Gangart antrieb, um dieser Massierung nackten Fleisches zu entkommen, entfuhr es der neben ihr sitzenden Tante:

„Mein Gott, der arme Junge! Das also ist sein Revier!"

Fabian grinste; er gönnte der prüden Tante diesen Anblick. Indem stieß ihm sein Bruder die Faust in die Seite und flüsterte erregt:

„Mann, hier möchte ich auch mal Förster sein!"

„Du bist blöd!" antwortete Fabian, dem der Anblick der zu Tonnen ausgefutterten Weibsen nicht weniger zuwider war als der zu Garderobenständern abgemagerten betagten Männer; zuviele dieser Mißgestalten waren ihm in diesem Sommer bereits begegnet. Wo immer aber er im Wald oder am Wasser ein junges Paar antraf, freute er sich und ging lächelnd den Verliebten aus dem Wege.

Als die Nackten immer schamloser die Landschaft bevölkerten, sah sich das preußische Innenministerium veranlaßt, ihrem Treiben ein Ende zu bereiten. Den rechten Mann, die Moral zu retten, fand das Ministerium in einem Herrn

Bracht. Zum Staatskommissar ernannt, griff er als erstes nach einem Kleidungsstück, das anzulegen er kraft Gesetzes jeder männlichen und weiblichen Person befahl, bevor sie sich anschickte, in der Öffentlichkeit den Körper der Sonne und dem Wasser preiszugeben. Für die Damen war dies ein Badeanzug, für die Herren eine Badehose. Nicht mehr, aber auch nicht weniger. Und da Dr. Bracht ein gewissenhafter Beamter war, versäumte er nicht, sogleich für das wichtigste Attribut jeder Badebekleidung, den Zwickel, präzise Maße vorzuschreiben. Zwickel geringerer Breite und Länge, so fürchtete offensichtlich der Kommissar, würden schamverletzend wirken.

Mit diesem Erlaß, der Zuwiderhandlungen unter Strafe stellte, ging der „Bracht'sche Badezwickel" – und mit ihm der Staatskommissar selbst – in die Geschichte ein.

Fabian erfuhr von dem Erlaß anläßlich einer Dienstbesprechung der Betriebsbeamten des Forstamtes.

„Der Zwickel, meine Herren", erläuterte der Forstamtsleiter maliziös, „ist jener rautenförmige Teil der männlichen und weiblichen Badebekleidung, den man gemeinhin mit ‚Schritt' bezeichnet. Nach dem Erlaß des Herrn Staatskommissars darf er eine bestimmte Länge und Breite nicht unterschreiten. Bitte, notieren Sie sich die Maße. Da der Erlaß insbesondere den Forstbeamten bekanntzugeben ist, bedarf es keines weiteren Hinweises, daß Sie, meine Herren, in Ihren Revieren für seine strikte Durchführung verantwortlich sind."

„Moment mal, Herr Forstmeister, Sie erwarten doch wohl nicht, daß ich mit dem Zollstock im Revier den Weibern den Schritt ausmesse?! Meine Alte, will sagen: was meine Frau ist, die würde mir . . .“

„Kollege“, schaltete sich ein anderer ein, „so geht's natürlich nicht! Sie müssen selbstverständlich die Damen veranlassen, den Badeanzug vorher auszuziehen.“

„Im übrigen“, meinte ein dritter, „ist das mehr eine Aufgabe für die jüngeren Kollegen; zum Beispiel für Sie, Fabian.“

„Das alles ist doch ausgemachter Blödsinn!“ warf ein vierter ein. „Wie stellt sich der Staatskommissar das in der Praxis vor?!“

„Aber meine Herren, wozu sich ereifern! Was wir von diesem Erlaß zu halten haben, wissen wir wohl alle“, versuchte der Forstmeister zum Schluß zu kommen.

Es gab indes noch lange Debatten, und es wurde viel gefrotzelt. Wie die Grünröcke für die gewissenhafte Durchführung des Erlasses sorgten, mag der Phantasie des Lesers überlassen bleiben.

Oh, diese Jäger!

Jagd und Liebe! Wollte man ihren Zusammenhang erklären, ich glaube, zu recht merkwürdigen Ergebnissen und Folgerungen würde ein solches Vorhaben führen. Der tolle Romberg würde, also befragt, mit herzhaftem Gelächter ein gar gewaltiges Kesseltreiben anheben und jedes prüde Alttier verzweifelt in den grobmaschigen Netzen seines derben Spottes verenden lassen. Hermann Löns hingegen würde mit einem stillen Lächeln der Dankbarkeit auf den Lippen erwidern: „Was die grüne Heide weiß, geht die Mutter gar nichts an." Den merkwürdigen Zusammenhang selbst aber würde keiner von beiden bestreiten.

Warum haben wir Grünröcke nun einmal das Pech, in puncto Liebe besonders verdächtigt zu werden? Gewiß stehen auf diese Frage zwölf Meinungen gegen ein Dutzend andere. Wer aber wird mir zustimmen, wenn ich behaupte, daß nicht zwischen den Jägern und der Liebe, sondern einzig zwischen dieser und dem Wald ein Zusammenhang besteht?

Sie verstehen mich nicht?

Es ist doch nichts einfacher als das! Bitte strengen Sie Ihr wertes Gehirn selbst einmal an und antworten Sie auf meine Frage: Wo würden denn Sie außerhalb Ihrer heimlichen Penaten lieben? Auf dem freien Feld? Daß ich nicht lache! –

Also im Wald, in voller Deckung! Na also, mein Lieber! Und andere Leute? Meinen Sie vielleicht, daß die es anders halten? – Das ist es ja eben, mein Bester! Jeder trägt seine Liebe in den Wald, und uns bedauernswerten Waldläufern schiebt man hernach auch dort die Schuld in die brüchigen Pirschstiefel, wo ein ganz anderer aufs Blatt gesprungen ist.

Wie bitte? Sie glauben trotzdem noch, daß die Grünröcke für die Liebe geradezu prädestiniert sind? Gelegenheit mache Diebe? Gelegenheit des Ortes, des Anlaufs, des willigen Erliegens lieblichster Versuchung?

Aber nein, mein Guter, was für üble Worte! Böse und schändliche Dinge würden von den Jägern getrieben, und wenn der Wald nicht so verschwiegen wäre, er würde die Sünden der Jäger gen Himmel schreien? Welch ein Kreuz Sie uns da aufbürden! Sie meinen, man müßte dieser Frage mal von der historischen Seite beikommen?

Nun, meinetwegen! Mir wollen Sie ja doch keinen Glauben schenken.

Da könnte man der Gründlichkeit halber gleich mit Adam und Eva beginnen. Doch deren Schuld rächte sich an allen Nachkommen. Im übrigen besaß der alte Adam auch keinerlei jagdliche Qualitäten, er wurde doch nicht mal mit einer lächerlichen Schlange fertig. Aber von mir aus – greifen Sie nur hinein in Ihre staubigen Akten!

Was haben Sie denn da? Ein ganz altes Schriftstück; schon ein bißchen verwässert, wie mir scheint. Neptun, der alte Meeresgott, lauerte im Wald der Amymone, einer der schönen Töchter des Danaos, auf und lockte sie vom Jagdpfad auf den Wechsel der Liebe!

Diana...

Was sagen Sie? Diana? Bitte, mein Herr, da weiß ich ja nun genau Bescheid. Das Mädchen war so prüde, daß sie stets nur jagte, um keusch und züchtig zu leben. Das nenne ich mir einen Beweis, mein Lieber, da können Sie einmal sehen...

Warten Sie es ab! Diana, als Göttin Ihrer Zunft, sah sich gezwungen, den großen Jäger Orion mit dem Tode zu bestrafen und ihn alsdann unter die Sterne zu versetzen, weil er ihr, seiner Herrin, die Treue brach, indem er mit der Eos bis in die Morgenröte buhlte!

Mit Eros – wie meinen? – ach so, mit Eos, der Göttin der Morgenröte! Was Sie nicht sagen! Verfluchter Kerl! Na, wissen Sie, das Weib, die Eos voller Eros, muß aber auch bezaubernd gewesen sein, so eines mit allem Drum und Dran. Ich meine, in diesem Fall kann man schon verstehen, daß...

Lesen Sie bitte einmal diese Urkunde! „Familiengeschichte derer von Cephalus und Procris“. Dunnerschlag, ein umfangreiches Dokument! Cephalus, Sohn des Merkur, ehelichte die gleich ihm sehr passionierte Jägerin Procris. Eines Tages aber verliebte er sich in Aurora – halt mal, das ist doch die römische Göttin der Morgenröte! Sagte ich es nicht: Ein bezauberndes Weib! – und jagte von nun an gemeinsam mit ihr. Für seine Liebe schenkte sie ihm einen unfehlbaren Wurfspieß. – Na, wissen Sie! Einen unfehlbaren Wurfspieß! Der mußte doch jeden Jäger bestechen. – Procris, die Tochter des athenischen Königs Erechtheus, floh darob nach Kreta zu König Minos, in den – schau, schau! – in den sie sich alsbald verliebte. Leider hatte sie das Pech, daß Pasipha, die Hexe, den Minos verzauberte, also daß „nichts als lauter Otterzeug von ihm ging, sobald eine Frau mit ihm zu tun hatte." Trotzdem ließ die Jägerin Procris sich mit ihm „in eine Unterhaltung" ein – wissen Sie, wirklich, ich finde das sehr nett ausgedrückt, allerliebst! –, nachdem sie sich „mit einer gewissen Wurzel präserviert hatte". – Wer schreibt denn das? Pfarrer Spangenberg? Anno 1560? Der Mann muß es ja wissen! Aber weiter:

Für ihre mutige Liebe schenkte Minos ihr den Hund Lälaps, dem kein Wild zu entkommen vermochte, und einen gleichfalls unfehlbaren Wurfspieß. Doch Procris, der dauernden Nachstellungen der eifersüchtigen Hexe Pasipha müde, kehrte nach Athen zu ihrem Gatten Cephalus zurück, mit dem es alsbald halbwegs zur Versöhnung kam. Da Cephalus jedoch immer noch nicht die Morgenröte, pardon, die Aurora, vergessen konnte, folgte Procris eines Tages dem wiederum treulosen Gatten in den Wald – natürlich, in den Wald! Wohin auch sonst? –, lauerte ihm dort auf und tötete ihn, angeblich durch einen Wurf auf ein Stück Wild mit ihrem von Minos geschenkten Spieß. – Mord ist das, Herr, glatter Mord! Und wenn heute so etwas...

Nun, was sagen Sie zu dem sündhaften, schändlichen Treiben dieses Jägerpaares?

Mein Gott, ich denke, daß es ein Jammer ist, daß... Mann, bedenken Sie doch einmal: Die beiden, jeder von ihnen einen unfehlbaren Wurfspieß, dazu einen Hund, dem kein Wild zu entkommen vermag! Was hätte das für herrliche Jagden gegeben! Wirklich ein Jammer! – Wie meinen...? Ach so, die sündige Liebe? Ja, wissen Sie, nun hören Sie mir aber mit so ollen Kamellen auf! Märchen und Sagen sind das, die noch längst nicht ein sündhaftes Leben aller Jäger beweisen. Nein, mein Lieber, damit können Sie selbst einen Lälaps – ein prächtiges Tier muß das gewesen sein – nicht hinter dem Ofen hervorlocken!

Gut, dann überschlagen wir ein paar tausend Jahre sündigen Treibens und schauen mal, was hier steht: Da berichtet Herr Dr. jur. Georg Lauterbeck im 16. Jahrhundert von einem reichen Grafen am Hof Herzog Karls zu Burgund, daß selbiger eines Tages auf der Jagd ein hübsches Bauernmädchen zwang, „seines schändlichen Willens zu pflegen". Die Untat wurde dem Herzog hinterbracht, und dieser zwang den Grafen, das Mädchen zu heiraten. Kaum war sie sein eheliches Weib, da stellte der Herzog ihn vor Gericht, ließ ihn zum Tode verurteilen und „hinwegrichten". Das Bauernmädchen aber erbte, nun als Frau Gräfin, die umfangreichen Güter ihres zum Opfer einer schändlichen Liebe gewordenen Mannes. Und hier der Kommentar zu der Geschichte: „Wollt GOTT es würde itziger Zeit ein solcher Ernst wider die jägerischen Jungfrauenschänder gebrauchet!" – Na, was sagen Sie nun?

Verzeih mir, St. Hubertus, den Frevel, aber ich fürchte, noch mehr solcher Urteile, und das Beispiel macht Schule unter den Bauernmädchen! Für ein bißchen Liebe besitzende Gräfin werden – das ist doch gar nicht so übel!

Jetzt werden Sie aber reichlich ironisch, mein Bester! Ich rate Ihnen doch sehr, in sich zu gehen und... Aber blicken Sie einmal hierher, hier in den vor uns liegenden Bauernkalender des Jahres 1637! Was lesen Sie dort unter dem 1. Mai? „Das Venusspiel lass anstahn, wil tu langes Leben han!" – Sie sollten sich das zu Gemüte ziehen, mein lieber Grünrock, und nicht frevelnd die Ihnen und Ihrer verrufenen Farbe anhängenden Sünden verkleinern wollen. Jagen Sie, aber lassen Sie sich das Jagen zur Erquickung Ihres Gemütes und zur Vermeidung der Unkeuschheit und sonstiger fleischlicher Wollüste dienen, so wie es der fromme Pfarrer Spangenberg in seinem Buch „Vom rechtmäßigen Jagen" fordert.

Hier, lesen Sie diesen Satz: „Warum lassen es sich die Jäger so sauer werden mit Hetzen und Laufen, wenn sie hernach bei köstlichem Wildbret im Fressen und Saufen ihre Wollust suchen und finden?" Oder diesen Satz hier: „Ihr meint, die Jagd sei eine Arznei wider Wollust und Müßiggang, und wenn ihr Berg und Tal durchjagt und Frost und Hitze erduldet habt, so sei euch damit alle Lust zur Geilheit vertrieben? – In dem Fall müßte man zu euch auch sagen, daß die Bauernmägde und die Bauernknechte die Wollüste vertrieben hätten und ohne Geilheit wären, wenn sie einen ganzen Sonntag sich müde gehüpft und gesprungen hätten von ihrem Tanz!“ – Sie schweigen? Ja, solches verschlägt selbst dem gröbsten Sünder die Rede!

Gelten diese Sätze nicht immer noch für euch alle, die ihr euer schändliches Tun hinter Dickungen und Deckungen verbergt? Stehe mir Antwort, Grünrock, beichte und tue Buße! So unverschämt und unzüchtig eure Lieder vor fünfhundert Jahren waren, so sind sie es auch heute noch. Sanget ihr damals: „Es reit ein Jeger hetzen aus...“ und „Es wollt ein Jeger jagen, jagen für jenem Holtz...“ – ihr Sünder wißt genau, was damit gemeint ist! –, so treibt ihr heute noch jeder ehrbaren Jungfrau mit eurem Brummelbeerlied die Schamröte ins Gesicht! Wehe und abermals wehe über euch!

Liebe Waidgenossen, zerknirscht, aller Sünden offenbart und bis in die letzte Kammer eurer schwarzen Seele erkannt, schielt ihr nun bußfertig und trostheischend – nach einem Glas Kognak. Nicht wahr, die Welt ist schlecht! Entblößt hat man euch und in den Regen gestellt, und wenn ihr nun naß werdet – weiß Gott, so ist der Himmel allein daran schuld.

Schabernacks Schabernack

Das Dorf, an einem der zahlreichen Havelseen gelegen, war nicht groß; es zählte kaum hundert Seelen. Eine Gastwirtschaft war da, eine Mühle, ein Forsthaus und, wie dieses am Waldrand gelegen, ein altes Schulhaus.

In ihm lebte der Lehrer mit seiner Frau, von der sie im Dorf sagten, sie stamme geradewegs von Xanthippe ab. Von Sokrates, ihrem weisen Mann, wußten sie nichts. Hätte man sie nach ihm gefragt, so hätten sie, sofern sie männlichen Geschlechts waren, gewiß geantwortet, daß die Weisheit des Mannes eben unauffälliger sei als die Zanksucht des Weibes.

Doch kamen sie auch mit dem Lehrer nicht recht zu Rande. Er wollte ihnen unter anderem weismachen, daß noch vor hundert mal hundert Jahren über ihr Land gewaltige Eisberge mit Löß und Lehm und mit Sand und Steinen gepoltert seien. Doch sie glaubten ihm nicht, sie nannten ihn einen Spökenkieker und fragten sich, was von einem Butländer, und gar von einem Preußen, schon Gutes zu erwarten sei. Gedichte schrieb er: „Rose im Schnee“, „Mondlilie“ und andere Dummerhaftigkeiten mehr. Wenn sie es auch nicht offen aussprachen – ihnen schien er nicht ganz richtig im Kopf, und sie meinten, wer sich grün mache, den fräßen die Schafe, und wer sich für einen Pfannkuchen ausgäbe, der würde auch als solcher gegessen.

Sein Nachbar, der Förster Schabernack, hatte einige Zeit guten Frieden mit ihm und seinem zänkischen Weib gehalten. Doch wie es so im Dorf zugeht, wo der eine dem anderen, und sei es auch nur versehentlich, in die Suppe spuckt – eines Tages war der erste Krach da: Es stank in der Küche Xanthippens, und das recht abscheulich.

Es dauerte geraume Zeit, bis sie, die Lehrerfrau Karoline Zorn, die Ursache des bestialischen Gestanks ergründete. Wie so oft im Leben, waren es auch hier nur kleine Dinge, die große Wirkungen auslösten: Drei Spatzenleichen lagen unmittelbar über ihrem Herd hinter der blechernen Schornsteinklappe. Wie sie dorthin gekommen waren, erfuhr Karoline, als sie Emil Schabernacks fünfzehnjährigen Sohn zufällig dabei ertappte, als er vom angrenzenden Forsthausgarten aus mit einem guten Kleinkaliberschuß einen vierten Spatzen in den Schornstein kippen ließ.

Während Karoline Zorn sich über diesen Vorfall giftete und mit scharfer Zunge gegen die Schabernacks hetzte, ging ihr Mann, weder von ihr noch von seinen dörflichen Nachbarn in seiner dichterischen Größe erkannt, an allen Belanglosigkeiten des Alltags erhobenen Hauptes vorüber.

So gut sich Emil Schabernack auch nach wie vor mit ihm stand, so wenig war es verwunderlich, daß er sich von der giftigen Zunge Karoline-Xanthippens herausgefordert fühlte. Und da er nicht der Mann war, sich ungekratzt von einer Zecke beißen zu lassen, sann er auf eine Erwiderung, die Xanthippe an ihrer empfindlichsten Stelle treffen sollte.

Eine bildhübsche Blondine, die er eines Morgens am Ufer des dorfnahen Sees antraf, verhalf ihm zu dem gloriosesten Einfall seines Lebens.

Die Sonne scheint warm vom wolkenlosen Himmel. Emil befindet sich in Begleitung seines Haumeisters Treuhand, als er, noch von engen Fichten verborgen, die sorglos im Wasser plantschende Maid entdeckt.

Nichts Außergewöhnliches, so denkt er. Doch dann erkennt sein geübter Blick, daß die Kleine, naiv oder unbekümmert, splitternackt badet. Ihre Kleidung liegt am Rand der Fichtendickung. Gewiß glaubt sie sich von der dem See vorgelagerten Dickung vor zudringlichen Blicken geschützt.

„Das ist es!" durchfährt es Emil triumphierend. Mit einem Griff seiner breiten Pratze nimmt er Kleid, Schuhe und Wäsche des Mädchens an sich und beauftragt den biederen Treuhand, ungesehen mit der Kleidung zu verschwinden und sie beim Ortsvorsteher, dem Schmiedemeister Hammer, abzuliefern. Auch solle er diesem glaubwürdig erzählen, er habe die Kleidung hier am See gefunden, von einem weiblichen Wesen aber weit und breit nichts gesehen. Treuhand, an mancherlei Eskapaden Schabernacks gewöhnt, trabt ohne Widerrede davon.

Kaum ist Treuhand verschwunden, tritt Emil auf den Plan. Sein freundliches „Guten Morgen, mein Fräulein!" läßt die Blondine ihre peinliche Situation erkennen; entsetzt schreit sie auf und stürzt sich ins tiefere Wasser. Doch hilft ihr das wenig; Emil fordert sie mit gestrenger Amtsmiene auf, ans Ufer zu kommen und sich anzuziehen:

„Ich weiß, daß Sie unbekleidet sind, mein Fräulein. Und gerade das ist hier verboten. Ich will ja gerne ein Auge zudrükken, und wenn es sein muß, auch zwei. Aber Sie müssen sich nun anziehen."

„Nur wenn Sie verschwinden, Herr Förster! Sie können doch nicht erwarten, daß..."

„Aber selbstverständlich, mein Fräulein! Ich weiß doch, was sich gehört. Also dann..." Feixend zieht sich Emil in die Dickung zurück. Durch den schütteren Dickungsrand sieht er die Kleine auf die Blöße eilen, wo sie ratlos und völlig verwirrt nach ihrer Kleidung sucht. Und schon hört er sie rufen:

„Meine Kleidung, meine Schuhe – sie sind mir gestohlen."

„Sagten Sie etwas, Fräulein?" fragt Schabernack scheinheilig.

„Herr Förster – nein – bleiben Sie da! Man hat mir meine Kleidung fortgenommen. Mein Gott, was soll ich nun tun?"

„Aber das gibt es doch gar nicht. Hier stiehlt niemand."

„Doch! Ich habe doch – hier am Waldrand..."

„Fräulein", Schabernacks Stimme wird drohend, „Fräulein, sind Sie etwa nackt hierher gekommen?"

„Sind Sie verrückt?! Ich werde doch nicht..."

„Nun ja, ich will Ihnen das gerne glauben. Aber so nackt wie Sie sind, können Sie nicht länger hier herumlaufen."

„Nein, weiß Gott nicht!“ jammert die Kleine.

„Nun passen Sie mal auf: Ich glaube, ich hab’s. Ich bringe Sie ins Dorf zum Ortsvorsteher; der wird sich Ihrer annehmen.“

„Sie erwarten doch nicht, daß ich nackt mit Ihnen durchs Dorf gehe!“

„Aber nein! Sie müssen gar nicht erst ins Dorf; bereits das erste Haus am Waldrand gehört dem Ortsvorsteher. Bis dorthin gehe ich Ihnen voraus und sorge dafür, daß niemand Sie sieht. Und was heißt: mit mir? Für Sie bin ich doch ein alter Mann, dem Sie sich getrost anvertrauen können.“

Was bleibt der jungen Dame anderes übrig, als wohl oder übel dem Vorschlag zuzustimmen. In züchtigem Abstand folgt sie Emil Schabernack durch den Wald, und tatsächlich begegnet ihnen auch keine Menschenseele.

Am Waldrand sichert Emil zum Schulhaus hinüber, das er hinterlistig dem Fräulein als Haus des Ortsvorstehers bezeichnete, und stellt befriedigt fest, daß Hermann Zorn den Schulkindern in dem zum Dorf hin gelegenen Klassenraum Unterricht erteilt, während aus dem Schornstein quellender Rauch verrät, daß Karoline in der Küche tätig ist. Ungesehen kann er also mit seinem Nackedei vom Garten aus ins Haus gelangen. Gleich rechts vom Flur liegt die gute Stube des Ehepaars Zorn. In sie führt Emil das Mädchen.

„Nehmen Sie Platz, Fräulein! Ich schaue indessen in die Küche zur Frau Ortsvorsteherin, eine herzensgute Frau. Neh-

men Sie's nicht so tragisch, es wird schon alles gut werden! Auf Wiedersehen und nochmals alles Gute!"

Doch Emil Schabernack denkt nicht daran, sich sogleich in die Küche zu begeben. Leise schleicht er sich zum Schulraum, klopft dort an die Tür und bittet Hermann Zorn zu sich auf den Flur.

„Hermann", sagt Emil heuchlerisch, „du mußt den Unterricht für ein paar Minuten unterbrechen. Ich habe dir lieben Besuch mitgebracht; er sitzt in eurer guten Stube. Du wirst überrascht sein."

Als Hermann sich anschickt, seiner Aufforderung nachzukommen, eilt Emil in die Küche zu Karoline Zorn.

„Guten Morgen, Frau Nachbarin!" sagt Emil und gibt sich dabei in der Hast, mit der er sie begrüßt, den Anstrich eines recht verwirrten Besuchers. „Ich wollte – ich weiß nicht, wie ich es Ihnen sagen soll – mit Hermann sprechen."

„Morgen, Herr Schabernack! Mein Mann ist bei den Kindern."

„Eben nicht, Frau Zorn, eben nicht! Als ich ihn dort nicht antraf, klopfte ich an die Tür zur guten Stube und – und..."

„Was heißt hier: und, und? Sie sind so aufgeregt. Waren Sie schon wieder in der Kneipe?"

„Keineswegs, Frau Zorn, keineswegs!"

„Nun reden Sie schon!"

„Also, ich machte die Tür auf – und sah Ihren Mann dort. Frau Zorn, mein Gott, Sie tun mir wirklich leid!"

„Sagen Sie, was wollen Sie eigentlich?"

„Frau Zorn, Ihr Mann sitzt dort mit einem völlig nackten Mädchen. Mir war das so peinlich, daß..."

„Waaas? – Hermann?"

„Ja, Frau Zorn! Völlig nackt! Hermann? Nein der war angezogen. Aber ich will nichts damit zu tun haben. Frau Zorn, nun laufen Sie doch nicht gleich... – Auf Wiedersehen, Frau Zorn!"

Das wär's, denkt Emil befriedigt und verläßt grinsend das Schulhaus durch den Küchenausgang. Dann macht er sich auf den Weg zum Ortsvorsteher Hammer.

Hammer, der gerade die Kleidung des Mädchens vom Haumeister Treuhand ausgeliefert bekommen hat, ist drauf und dran, das Dorf zu alarmieren, um nach einer weiblichen Wasserleiche suchen zu lassen. Doch Emil kommt ihm im letzten Augenblick zuvor.

„Schon gut, Hammer! Ich habe den nackten Vogel im Wald aufgegriffen und im Schulhaus untergebracht."

„Und was soll mit der Kleidung des Mädchens geschehen, Schabernack?"

„Hammer, erwarten Sie vielleicht, daß die junge Dame zu Ihnen kommt? Das könnte Ihnen so passen. Nein, die Kleidung müssen Sie schon selbst ins Schulhaus bringen. Ja, und dann grüßen Sie Frau Zorn recht herzlich von mir!"

Leider, lieber Leser, kann ich mit der Szene, die sich nach dem Abgang Schabernacks in der guten Stube des Schulhauses abspielte, nicht aufwarten; niemand, der dort zugegen war, wollte mir seinerzeit darüber berichten. Gewiß besitzt Ihre Phantasie Farben genug, sich diese Szene selbst auszumalen. Immerhin ließen sich post festum aus dem Verhalten der Betroffenen gewisse Schlüsse ziehen:

Das fremde Fräulein wurde nie wieder im Dorf gesehen; es hieß, sie habe ihren Urlaub noch am selben Tage abgebrochen und sei nach Berlin zurückgekehrt.

Frau Schabernack, die bislang keinerlei Erwähnung fand, soll ihrem Gatten zwar heftige Vorwürfe gemacht, sich aber in Anbetracht der Karoline Zorn zugefügten Kränkung bald wieder mit ihm versöhnt haben.

Karoline Zorn verwandelte sich, soweit es die ihr benachbarte Familie Schabernack anging, in eine stumme Xanthippe und strafte sie hinfort mit Nichtachtung, ein Zustand, den die Schabernacks dankbar genossen.

Anders Hermann Zorn! Er begegnete Emil zu dessen Erstaunen mit einer augenzwinkernden Vertraulichkeit, die rätselhaft erschien. Anfangs glaubte Emil Schabernack, der seinen Triumph im ganzen Dorf genoß, Hermann wolle damit nur die Peinlichkeit des Schelmenstücks überbrücken. Bis dieser sich ihm eines Tages mit einem neuen Gedicht eröffnete. „Die Venus vom Havelsee“ betitelte es sich, und sein Inhalt verriet, daß Hermann, von der Schönheit der

Havelnixe überwältigt und von Erato geküßt, am Ende nur Dankbarkeit für Schabernacks Schabernack empfand.

Sie alle, die Zorns und die Schabernacks, leben nicht mehr. Bis auf das nackte Mädchen. Aus ihm wurde eine wohlangezogene ältere Dame, die sich heute mit leiser Wehmut jener Geschichte erinnert und – dessen bin ich sicher – liebendgern noch einmal nackt vom See zum Schulhaus und, wenn es sein müßte, durch das ganze Dorf laufen würde, wäre sie nur wieder so jung und schön wie damals.

Salut gen Himmel

Die Zeit, in der seine Bewohner noch in dem einsam am Waldrand gelegenen Forsthaus abends beim Licht der Petroleumlampe aßen, Skat spielten oder geruhsam ein gutes Buch lasen, ist längst vorüber. Der Fortschritt, unter mancherlei Aspekten fragwürdig, nahm mit der Wärme der die Familie in ihren Kreis bannenden Öllampe auch vieles der traulichen Behaglichkeit, die einst das alte Forsthaus ausstrahlte.

Elektrisches Licht eroberte es und füllte seine Räume mit gleißender Helle. Nicht genug damit: Eine Wasserpumpe, eine Wasch- und Spülmaschine, ein Kühl- und Gefrierschrank erforderten bald zusätzliche Stromkreise, und an Stelle des alten Zweileiter-Anschlusses mußte ein Vierleiter-Anschluß installiert werden. Vom nahen Transformator führten nun vier Drähte über den Garten hinweg den Strom ins Haus.

Ein Jahr bereits mochte der neue Anschluß der Versorgung des Forsthauses gedient haben, als Revierförster Hellmann eines Tages zufällig entdeckt, daß wenige Meter vom Haus entfernt eine der vier Leitungen beschädigt ist; zwei der Alu-Drähte, die die Leitung ummanteln und sie verstärken, sind gerissen, ihre Enden stehen steif gen Himmel.

„Fuscharbeit!“ knurrt Hellmann und ruft sogleich beim zuständigen Stromversorgungsverband an. Becker, einer der Bediensteten, meldet sich:

„Gerissen? Unmöglich! Das gibt es nicht“, wird dem Revierförster zur Antwort.

„Dann sehen Sie sich bitte den Defekt selbst an! – Ob ich noch Strom habe? – Doch, aber immerhin...“

Noch am selben Tag kommt Becker mit seinem Dienstwagen von seinem zwanzig Kilometer entfernten Wohnort zur Försterei.

„Tatsächlich! Zwei Drähte sind gerissen.“

„Wie kann das passieren? Ein Materialfehler? Oder...?“

„Nee!“ grinst Becker. „Ein Materialfehler ist das bestimmt nicht. Und eine Reparatur ist auch nicht erforderlich; die restliche Ummantelung reicht völlig aus.“

„Nun gut! Aber es muß doch eine Erklärung für diesen Defekt geben“, bohrt Hellmann hartnäckig weiter.

„Gibt es auch, mein Lieber, gibt es auch!“

„Na und?“

„Haben Sie schon mal davon gehört, daß in der Silvesternacht vor den Forsthäusern das neue Jahr eingeschossen wird?“

„Hören Sie auf, Herr Becker! Ich habe nichts gesagt. Ich...“

„Schon gut! In der nächsten Silvesternacht ballern Sie besser hinter Ihrem Haus statt hier im Garten unter dem Vierleiter-Anschluß."

„Herr Becker, es tut mir leid, daß ich Sie hierher bemüht habe. Darf ich Sie nun wenigstens zu einem Kognak einladen?"

„Zu einem? Das lohnt die weite Fahrt doch nicht."

„Sie gefallen mir! Aber ich sagte: wenigstens zu einem Kognak."

Als sie den dritten gekippt haben, fällt dem Revierförster Hellmann ein, daß er in der Silvesternacht nicht den ersten Draht durchschossen hat; eine Geschichte, die er Becker unbedingt erzählen muß, sie paßt wie keine andere so gut zum Anlaß seines Besuches. Hellmann schenkt nach, und sie trinken den vierten.

„Damals, mein lieber Becker, war ich noch junger Forsteleve in Mecklenburg-Strelitz. – Kennen Sie Mecklenburg-Strelitz?"

„Nein, ich bin niemals dort gewesen."

„Schade, wirklich schade! Sie hätten dort das Paradies auf Erden kennengelernt. Die Seen, die unendlichen Wälder – ein Land, in dem Milch und Honig flossen", schwärmt Hellmann.

„Ich war mal in Mecklenburg-Schwerin. Es hat mir sehr gut gefallen."

„Nichts gegen Schwerin, Herr Becker! Aber was ist Schwerin schon gegen Strelitz! Selbst..."

„Sie wollten mir eine Geschichte erzählen", unterbricht Bekker.

„Gewiß! Also – trinken Sie noch einen? Dumm von mir, danach zu fragen! Natürlich trinken wir noch einen. – Doch nun die Geschichte:

Ich lernte damals in der Revierförsterei Peetsch. Eines Morgens wies mich mein Lehrchef an, zum Forstamt Mirow zu fahren und dort die Lohnabrechnung für die Waldarbeiter abzugeben. Ich machte mich mit dem Fahrrad auf den knapp drei Kilometer langen, über freies Feld führenden Weg. Mein Kleinkalibergewehr mit der stolzen Bezeichnung ‚Simson-Expansionskarabiner' – aber das interressiert Sie wohl weniger?"

„Von Waffen verstehe ich nichts, Herr Hellmann!"

„Auch egal! – Also ich führte die Waffe bei mir. Es war Ende August. Ein Schwarm Spatzen erhob sich vor mir von den Getreidehocken und setzte sich auf die Drähte der Telefonleitung. Einige von ihnen saßen in unmittelbarer Nähe eines Leitungsmastes. Und passioniert, wie man als junger Bengel ist, hielt ich an und schoß stehend freihändig auf einen nahe dem Mast sitzenden Spatzen. Verendet stürzte er herab; ein Schuß, der mir Freude machte."

„Daß Sie das heute, nach so vielen Jahren, noch wissen! Schließlich war es ja nur ein Spatz!"

„Schon, und den Piepmatz würde ich gewiß längst vergessen haben, wenn ich nicht gleich darauf entdeckt hätte, daß einer der Telefondrähte durchschossen war; er hing vom nächsten Mast herab und lag auf dem Erdboden.

Weit und breit war kein Mensch zu sehen, und ich war froh, daß mich niemand beobachtet hatte. Das Dumme dabei war, daß die Telefonleitung zur Revierförsterei Peetsch führte und mein Lehrchef nun keine Gespräche mehr führen konnte, bis die Leitung repariert war. Mich bedrückte das, und als ich in Mirow auf dem Weg zum Forstamt an das Postamt gelangte, hatte ich mich dazu durchgerungen, von dem Schaden Mitteilung zu machen."

„Sie wollten dem Postamt eingestehen, daß Sie der Übeltäter waren?"

„Gott bewahre! Dann hätte ich, der ich doch als Forstanwärter keinen Pfennig verdiente, die Reparaturkosten bezahlen müssen. Nein, ich teilte dem Postbeamten nur mit, ich hätte zufällig gesehen, daß die Leitung, etwa ein bis zwei Kilometer von Mirow entfernt, gerissen sei."

„Und der Postbeamte fragte auch nicht weiter?"

„Er bedankte sich recht freundlich und versprach, den Schaden sogleich beheben zu lassen. Erleichtert und ein wenig stolz darauf, das von mir verschuldete Problem mit leichter Hand gelöst zu haben, verabschiedete ich mich. Indem rief mich jedoch der Schalterbeamte zurück: ‚Moment mal', sagte er, ‚wir müssen über Ihre Meldung noch ein Protokoll anfertigen, das von Ihnen zu unterschreiben ist'. Mir

war gar nicht wohl bei dem Gedanken, meine Angaben auch noch schriftlich bestätigen zu müssen. Ich sagte dem Beamten, von mir aus könne er gerne auf das Protokoll verzichten. Doch er blieb stur und hatte sogleich ein Formular zur Hand, das er eifrig ausfüllte. Ich mußte meinen Namen und meine Anschrift angeben, der Zeitpunkt meiner Meldung wurde eingetragen, desgleichen der von mir angegebene Ort, an dem die Leitung zerrissen war. ‚Zerrissen, sagten Sie?', fragte der Beamte. Und dann: ‚Sie wissen natürlich nicht, wodurch die Leitung beschädigt wurde? – Nein, woher sollten Sie das auch wissen! Also schreiben wir: Ursache unbekannt'. Natürlich zog ich es vor, zu schweigen und weder ja noch nein zu sagen."

„Das kann ich mir denken", lachte Becker. „Aber wozu das alles?"

„Sie werden lachen", fuhr Hellmann fort. „Nachdem der Postbeamte das Protokoll unterzeichnet hatte, reichte er es mir: ‚So, nun unterschreiben Sie bitte hier, ja, unter dem Absatz nach meiner Unterschrift.' Nun, das konnte ich ohne Bedenken tun, denn damit bestätigte ich ja nicht die bereits von ihm unterschriebenen Angaben. Ohne erst den letzten Absatz durchzulesen, setzte ich meine Unterschrift darunter."

„Und was kam danach? Eine Pointe muß Ihre Geschichte doch wohl haben?"

„Hat sie auch, Herr Becker, hat sie auch! – Prost, einen können wir uns noch genehmigen. – Also die Pointe: Ich hatte nichts eiligeres zu tun, als nun so schnell wie möglich das Postamt zu verlassen. Aber da rief der Mann mich nochmals zurück: ‚Halloh, junger Mann, wollen Sie denn Ihre Prämie nicht mitnehmen? Sie bekommen für Ihre Meldung, die uns das Suchen nach dem Defekt erspart, drei Reichsmark. Den Empfang haben Sie doch soeben bestätigt.‘ Na, ich das Geld einstecken und abhauen war eins. Drei Mark – ein Vermögen für einen Anwärter!“

„Bestens!“ lachte Becker. „Doch nun müssen Sie mir auch verraten, wie oft Sie noch versuchten, Telefonleitungen zu durchschießen.“

„Aber, Herr Becker! Sie glauben doch nicht im Ernst...“

„Kann man's wissen! – Für den zerschossenen Vierleiter-Anschluß steht Ihnen jedenfalls keine Prämie zu. – Zum Wohl, Herr Hellmann!“

Duell an der Grenze

„War es schlimm, Nanette?“

„Schlimm, Peter?! – Es war furchtbar! Henner tobte; er wollte sich von mir scheiden lassen, er schrie mich an, ich sei seiner nicht wert, und Hörner ließe er sich nicht ungestraft von dem windigen Kollegen Hannemann aufsetzen; immer habe er ihm als seinem Reviernachbarn Vertrauen geschenkt – und nun dieses!“

„Nanette, beruhige dich! Du hast es doch nun hinter dich gebracht. Von wem hat Henner überhaupt erfahren, daß du ein Verhältnis mit Revierförster Hannemann hattest?“

„Verhältnis! Nein, Peter, das war doch kein Verhältnis; Henner wurde Anfang August zu einer Wehrübung eingezogen, Mitte September kam er zurück, und kaum eine Woche später wußte er bereits, daß Hans Hannemann – daß ich...“

„Aber von wem?“

„Ich weiß es nicht, ich weiß es wirklich nicht. Ein einziges Mal ist es geschehen. Hans tat mir leid – du weißt, wie zerrüttet seine Ehe ist –, und dann bettelte er so herzlich und war so lieb und hilflos.“

„Nanette, sei ehrlich! Hans Hannemann ist ein flotter Kerl, du warst sechs Wochen allein, er hatte die Vertretung für Henner übernommen...“

„Nein, Peter! Ja, Peter! Aber es war doch nur ein einziges Mal, und gleich mußte es Henner erfahren. Ja, ich habe es ihm gestanden, aber er glaubte mir nicht, daß es nur einmal an jenem verrückten Abend geschehen war. Ich habe geheult, ich habe ihn gebeten, mir zu verzeihen. Doch er war so kalt, so hartherzig, so abweisend."

„Aber nun ist doch alles wieder gut! Henner spricht nicht mehr davon, ihr lebt wie eh und je zusammen, heute früh noch sah ich, wie freundlich er dir begegnete – warum also regst du dich auf?"

„Gewiß, Peter! Ich bin ja auch froh, daß es so ist. Wenngleich – vielleicht hat er selbst ein schlechtes Gewissen und lenkte deshalb wieder ein. Doch ich will es gar nicht wissen. Und das ist es auch nicht, was mich so kränkt."

„Was ist es dann, Nanette?"

„Ich weiß jetzt, wie wenig ihn im Grunde die Affäre berührt hat, wie wenig ich ihm wert bin."

„Woher willst du das wissen?"

„Am Abend nach jenem Tag, an dem er mir eine Szene nach der anderen gemacht hatte, rief er Hans Hannemann an. Kurz und schroff bat, nein, befahl er ihm, am nächsten Morgen um acht Uhr an der gemeinsamen Grenze auf dem Schulsteig zu sein. Er, Hannemann, wisse schon, um was es gehe. Genugtuung fordere er von ihm – und dann, am nächsten Morgen, nahm er die Repetierbüchse aus dem Schrank, lud durch und verließ das Haus mit den Worten: ‚Der Kerl soll es mir büßen!'."

„Aber du glaubtest doch nicht etwa, daß die beiden sich duellieren wollten?“

„Doch Peter! Hättest du Henner gesehen, auch du hättest nicht daran gezweifelt. Und Hans Hanneman ist nicht der Mann, der dem aus dem Weg gegangen wäre.“

„Wäre, Nanette, wäre! Du hast – nimm es mir nicht übel – zuviel Romane gelesen, Courths-Mahler und sowas.“

„Nein, nein! Ich fürchtete, ich zweifelte keinen Augenblick daran, daß etwas Schreckliches geschehen wird.“

„Und was geschah dann wirklich?“

„Ich war verzweifelt, ich weinte und dann, ja, dann bin ich dem Henner nachgelaufen. Die Sonne schien, Rauhreif lag auf den Birken und Kiefern. In der Lohheide schrien die Hirsche, und ich dachte, wie schön das Leben mit Henner gewesen war und daß ich es zerstört hatte. Jeden Augenblick fürchtete ich auf dem Weg zur Grenze Schüsse zu hören und – mein Gott, ich sah ihn bereits in seinem Blut liegen.“

„Wen in seinem Blute liegen?“

„Frag nicht so dumm, Peter! Wen, wen? Egal, wen auch immer; es durfte doch nicht so Furchtbares geschehen!“

„Beruhige dich, Nanette! Sie leben doch beide noch.“

„Das ist es ja gerade!“

„Aber, Nanette! Jetzt begreife ich gar nichts mehr. Du konntest doch nicht wünschen, daß...“

„Unterbrich mich nicht, Peter! – Als ich mich der Reviergrenze näherte, wurden meine Füße immer schwerer. Schließlich stand ich, vom Unterholz verdeckt, unbemerkt hinter den beiden. Nur wenige Schritte trennten mich von ihnen, und ich konnte jedes Wort, das sie sprachen, verstehen. ‚Auf fünfzig Meter?', hörte ich Henner fragen. ‚Auf fünfzig Meter!', stimmte ihm Hans Hannemann zu und fragte dann: ‚Und wann heute nachmittag? Ich habe vorher noch einige Dinge zu regeln'. ‚Um vier Uhr!', antwortete Henner. Wo sie sich treffen wollten, hatten sie offenbar bereits ausgemacht, bevor ich kam. Du kannst dir vorstellen, wie schrecklich mich diese wenigen Worte trafen! Es gab für mich keinerlei Zweifel mehr, daß sie sich am Nachmittag duellieren wollten, auf fünfzig Meter – und der arme Hans, einige Dinge wollte er zuvor noch regeln! Ich war schon drauf und dran, mich zwischen die beiden zu werfen und sie anzuflehen, von dem irrsinnigen Vorhaben abzulassen, als. . . "

„Als was?"

„. . . als ich sie weiter miteinander reden hörte. Reden, was heißt reden – plaudern hörte ich sie, als sei niemals auch nur das geringste zwischen mir und Hans vorgefallen. – Peter, fühltest du dich schon einmal gleichzeitig erleichtert und empört?"

„Nicht daß ich wüßte, Nanette! Aber nun sag schon endlich, was dich so außer Fassung brachte!"

„Die beiden – das wurde mir aus ihrem Gespräch immer deutlicher – hatten über mich überhaupt kein Wort verloren. Daß Hans Hannemann noch etwas zu regeln hatte, die Verabredung auf vier Uhr, die ‚fünfzig Meter' – das alles hatte nichts, aber auch gar nichts mit mir zu tun. Mein Gott, wie habe ich mich geschämt, wie dumm kam ich mir in meinem Versteck vor! Nur fort von hier, dachte ich, weit weg von diesen beiden Heuchlern, diesen Helden, die mir fast das Herz zerrissen hätten! Ja, und dann habe ich mich leise davongestohlen, bin nach Hause gelaufen und habe gelacht und geheult. Ach, Peter, wie gemein können Männer doch sein!"

„Nanette, Himmel, Arm und – entschuldige! Aber willst du mir jetzt endlich sagen, was die beiden dort miteinander hatten, worüber sie miteinander sprachen?!"

"Über die Hirsche, über die Brunft, über den starken Kronenzwölfer, den Hans Hannemann fünfzig Meter von der Reviergrenze entfernt gesehen hatte und den sie am Nachmittag gemeinsam beobachten wollten! – Nein, Peter, bitte nicht lachen! Wenn du jetzt lachst, bist du um keinen Deut besser als diese beiden gemeinen Kerle!"

Der Gasanzünder

Weltfremd?

Nun ja, ein wenig war er es schon, der Forstmeister Kuchenbäcker. Er bemühte sich, es aller Welt recht zu machen und dennoch sparsam mit den ihm anvertrauten Mitteln umzugehen, und so geriet er in Zwiespälte, die seine empfindsame Seele des Lebens nie so recht froh werden ließen. Güte auf der einen und Pedanterie auf der anderen Seite wurden ihm zu zwei Stühlen, zwischen die bald diese, bald jene Situation ihn sich setzen ließ.

Die Natur hatte diesen unscheinbaren, liebenswürdigen Menschen statt mit Ellenbogen mit sanft fächelnden Fittichen ausgestattet. Von keinen Enttäuschungen, so viele er auch schon erfahren hatte, ließ er sich in dem naiven Glauben entmutigen, die Welt sei gut und die Menschen auf ihr nicht minder. Jederzeit bereit, den Wünschen anderer bescheiden und höflich zu entsprechen, erwartete er ein gleiches von seiner Umgebung.

Ein Forstsekretär, ein junger Hilfsförster und eine kesse, kaum zwanzig Lenze zählende Stenotypistin namens Elke Wippsteert bildeten das Personal seines Forstamtes in einer niedersächsischen Kreisstadt.

Eines Morgens, im Garten blühten die Apfelbäume und durch die offenen Fenster drang das fröhliche Lärmen der

Spatzen, bat Kuchenbäcker das Fräulein Wippsteert, mit dem Fahrrad in die Stadt zum Hochbauamt zu fahren, um dort einige Schriftstücke abzugeben.

„Und noch etwas, Fräulein Wippsteert: Suchen Sie doch bei dieser Gelegenheit auch die Stadtwerke auf und lassen Sie dort diesen Gasanzünder reparieren!“ Kuchenbäcker legte auf Elkes Tisch eines jener zangenförmigen Gebilde, deren Schenkel jeweils mit einer Reibfläche und mit einem Feuerstein ausgestattet sind.

„D e n Gasanzünder, Herr Forstmeister?! Aber so ein Ding bekommen Sie doch in jedem Laden für fünfzig Pfennig; das lohnt doch die Reparatur nicht, und außerdem...“

„Sagen Sie das nicht, Fräulein Wippsteert! An diesem fehlt nur die Flügelschraube zur Befestigung des Feuersteins. Und wozu sind denn die Stadtwerke da?! Sie beliefern uns doch mit Gas. Nein, nein, Fräulein Wippsteert, Sie fahren bei den Stadtwerken vor und lassen sich dort eine neue Flügelschraube geben. Das kostet dann allenfalls einen Groschen.“

„Wie Sie meinen, Herr Forstmeister!“

„Danke sehr, Fräulein Wippsteert!“

Kaum hat Kuchenbäcker das Büro verlassen, vermag Elke ihren Unmut nicht mehr zu zügeln:

„Glaubt der Chef wirklich, daß ich mit dem Ding hier zu den Stadtwerken fahre?!“

„Der Chef glaubt es nicht nur, er weiß es!“ entgegnet der Forstsekretär Hühning boshaft.

„Wieso?“

„Weil Sie das tun werden, was Ihnen aufgetragen wurde.“

„Meinetwegen! Letztens macht sich der Chef lächerlich, und nicht ich.“

Eine Stunde später kehrt Fräulein Wippsteert zurück. Mit dem immer noch schadhaften Gasanzünder.

„Also waren Sie doch nicht bei den Stadtwerken!“ frotzelt Hühning.

„Und ob ich da war!“ entgegnet Elke und will sich vor Lachen ausschütten. „Wenn Sie gehört hätten, was mir dort gesagt wurde!“

Indem betritt Forstmeister Kuchenbäcker das Büro. „Ah, da sind Sie ja wieder, Fräulein Wippsteert! Ist der Gasanzünder repariert?“

„Nee, Herr Forstmeister, die wollten nicht.“

„Das verstehe ich nicht. Was hat man Ihnen denn gesagt?“

„Was man mir gesagt hat? Beim besten Willen, Herr Forstmeister, das kann ich nicht wiederholen!“

„Nun mal raus mit der Sprache! So schlimm wird's schon nicht sein.“

„Soll ich wirklich – ?“ Die kesse Elke ziert sich, obgleich sie nur darauf brennt, den Knallfrosch explodieren zu lassen.

„Also nun reden Sie schon!“

„Man hat mir gesagt, Sie sollten sich das Ding in den A... stecken.“

Während der Hilfsförster Rusche lauthals lacht und jäh verstummt, als ihn Hühning, selbst nach Fassung ringend, strafend ansieht, und während Fräulein Wippsteert nach wie vor fröhlich dreinschaut, wird Forstmeister Kuchenbäkker blaß.

„Fräulein Wippsteert, ist das wahr?"

„Gewiß, Herr Forstmeister!"

„Und das – und das einer D a m e ! Das ist – das ist unerhört!" stottert der Forstmeister. „Wer war der Mann, der Ihnen in so infamer Weise begegnete? Bitte, ich will es wissen!"

Natürlich kennt Elke den Mann, denn sie wohnt seit ihrer Kindheit im Ort. Doch da sie, was den Gasanzünder betrifft, mit ihm durchaus einer Meinung ist, denkt sie nicht daran, seinen Namen preiszugeben.

„Ich weiß es wirklich nicht, Herr Forstmeister!"

„Dann beschreiben Sie mir den Mann! Möglichst genau!"

Warum nicht, denkt Elke; was soll schon dabei herauskommen! „Also der Mann, der mir das von dem A... (Oh, Elke, und du willst eine Dame sein!) sagte, ist etwa 1,90 Meter groß, recht füllig und blond. Die Augen – da muß ich überlegen – ja, die Augen sind blau."

„Danke, das genügt mir! Herr Hühning", wendet sich Kuchenbäcker an den Sekretär, „verbinden Sie mich sogleich mit den Stadtwerken!"

Ein Angestellter meldet sich.

„Hören Sie“, empört sich Kuchenbäcker, nachdem er sich vorgestellt hat, „vor etwa einer halben Stunde war meine Stenotypistin bei Ihnen, um einen Gasanzünder reparieren zu lassen. Sie wurde in unflätigster Weise von einem Ihrer Leute abgewiesen mit dem Bemerken, ich solle mir den Gasanzünder in den – ersparen Sie mir bitte das Wort! – stekken. Und das einer Dame gegenüber! Sie wissen nichts von dem Vorfall? Nun, der betreffende Herr, soweit man ihn als solchen überhaupt bezeichnen kann, ist etwa 1,90 Meter groß, blond und recht füllig. Bitte, verbinden Sie mich mit ihm! – Sie wissen, um wen es sich handelt? – Danke, ich bleibe am Apparat.“

Als es eine Minute später, für alle im Forstamtsbüro Anwesenden deutlich vernehmbar, aus der Telefonmuschel tönt: „Hier Draufbold, Direktor der Stadtwerke! Sie wünschen mich zu sprechen?“, da legt Forstmeister Kuchenbäcker verwirrt den Hörer in die Gabel zurück. Zutiefst schockiert verläßt er das Dienstzimmer. „Und das von einem Akademiker!“ murmelt er, bevor er die Tür hinter sich schließt.

„Was hat er nur?“ kräht Fräulein Wippsteert fröhlich in die Runde, als der Chef gegangen ist.

„Was fragen Sie mich?“ fühlt sich der junge Rusche angesprochen. „Dem steckt der Gasanzünder zu hart im – Gemüt.“

Dörtes Punschendorfer Ouvertüre

Berlin und Punschendorf sind zwei einander entgegengesetzte Welten. Wenn Dörte heute an jenen Tag zurückdenkt, an dem sie sich entschloß, das sprühende, faszinierende Leben in Berlin aufzugeben, um nach Punschendorf in Mecklenburg zu ziehen, so weiß sie, daß es nur seinetwegen geschah.

E r trug den grünen Rock, e r wußte mit so blanken Augen und mit so heißem Herzen von seinem Wald und von seinem Wild, von den zahlreichen Seen und von der abendlichen Heide zu erzählen, daß sie glauben mußte, Punschendorf läge mitten im Paradies.

Als sie ihm vor dem Berliner Standesamt das Jawort gab, war sie bereit, mit ihm auch Punschendorf und mit Punschendorf obendrein einen ausgewachsenen Rauhhaardakkel zu heiraten.

Dieser Dackel war nicht weniger stur als sein Herr und führte ausschließlich ein Punschendorfer Leben. Beide, Herr und Hund, waren sich in herzhafter Rücksichtslosigkeit Dörte gegenüber einig, das mußte die junge Frau, kaum daß sie das Paradies betreten hatte, zu ihrem nicht geringen Kummer erfahren.

Möbel und Wäsche, Geschirr und hundert andere Dinge, die in strahlender Frische das Herz einer jungen Frau erfreuen, waren mit Dörte in den neuen Haushalt gekommen – Herr und Hund sahen es kaum. Dem Dackel mit dem schrecklichen Namen Satan brachte sie einen mit herrlich weichen Daunenkissen gepolsterten Korb mit in die Ehe – der Köter beschnüffelte den Korb nicht einmal. Verdrossen tapste er am Abend, als sein Herr sich endlich entschlossen hatte, an seiner Stelle auch Dörte einmal auf seinen Schoß zu nehmen, auf dem Fußboden umher und miefte, bis er wieder auf der stinkenden Hose lag, die sein Herr ihm wer weiß vor wieviel Jahren geopfert hatte.

Zur Nacht richtete Dörte in Ermangelung der nicht termingerecht gelieferten Schlafzimmermöbel ein weiches Lager aus Decken und Federbetten auf den Dielen des Schlafzimmers her. Um am nächsten Morgen beizeiten mit dem Einrichten der Wohnung fortzufahren, stellte sie einen neuen Wecker daneben auf den Fußboden. Weder ihr junger Ehemann noch sein Dackel kannten bis dahin ein solches, jedem zivilisierten Menschen doch unentbehrliches Instrument.

Am nächsten Morgen, gegen sechs Uhr, rasselte das chromblitzende Kleinod. Sofort sprang Satan von seinem Lager auf, packte mit hartem Griff den lärmenden Zeitmesser und ließ ihn krachend zerschellen; hilflos tickend gab der Wekker seinen Geist auf. Während Satan in seine Sasse zurückkehrte, um sich seufzend wieder dem Schlaf hinzugeben, blickte Dörte verstört in das feixende Gesicht ihres jungen Ehemannes. Voller Wut auf ihn und seinen flegelhaften Köter sprang sie aus dem Bett, um den Hund zu züchtigen –

und stand mit nackten Füßen vor einer giftig knurrenden, zähnefletschenden Bestie, die sich erst beruhigte, als ihr Herr und Abgott sich bequemte, ihr ein begütigendes Wort zuzuwerfen. Über den ramponierten Wecker verlor der Punschendorfer Herr kein Wort. Ob er für Dörte eines fand? Sie erinnert sich dessen heute nicht mehr genau; im Hinblick auf ihre erst eine Nacht alte Ehe hält sie es immerhin für möglich.

Was wußte Dörte überhaupt von Hunden? Daß sie Flöhe hatten, oft dreckig und zumeist bissig waren und irgendwie zum Jäger gehörten wie die Kuh zum Bauern, war ihr vom Hörensagen bekannt; wie sie selbst aber solchen Viechern begegnen sollte, blieb ihr vorerst verborgen.

Ihrem Herrn und Gebieter zuliebe gab sie sich indes alle Mühe, seinem geliebten Rauhbautz näherzukommen. Sie buchte es bereits als Erfolg, daß Satan, der sie als Eindringling in die seit sieben Jahren bestehende Gemeinschaft mit seinem Herrchen betrachtete, endlich auf die stinkende Hose verzichtete und das saubere Körbchen mit den Daunenkissen annahm. Wie aber konnte sie sich liebevoll einem Köter gegenüber erweisen, der, mit Herrchen von einer Regenpirsch zurückgekehrt, völlig verdreckt in die blitzsaubere Küche schoß und auf den Zuruf: „Platz, Olling, geh' Körbchen!“ statt in seinem in einem mit frischer Wäsche gefüllten Korb landete?! Und wie konnte sie sich obendrein einem Gatten gegenüber liebevoll verhalten, der sich darüber vor Lachen ausschüttete, behutsam sein nasses Hundchen aus der Wäsche nahm und es sorgsam in den an den warmen

Herd gerückten Hundekorb bettete?! An diesem Tag hatte Dörte das Punschendorfer Leben satt. Berlin hingegen...

Ihr Punschendorfer Gemahl war über diesen Vorfall nachdenklich geworden; ein Wesenszug, den Dörte bis dahin an ihm noch nicht beobachtet hatte.

„Hör', Liebling, Berlin mag ja eine schöne Stadt sein, sonst wärst du gewiß schon früher nach Punschendorf gekommen. Aber ich habe den Eindruck, du hast Punschendorf noch gar nicht in seiner stillen Größe..."

„Du meinst wohl: in seiner großen Stille!"

„Wie dem auch sei, Herzensspatz, du mußt, um Punschendorf richtig kennenzulernen, des öfteren mit mir ins Revier kommen. Ich habe heute früh einen befahrenen Bau ausgemacht, komm doch heute nachmittag mit zum Dachssprengen!"

Dörte ging mit; Punschendorf lag, das ließ sich nicht bestreiten, näher als Berlin. Volle drei Stunden standen sie auf dem Gräwingsberg zwischen kahlen Buchen, durch die der Sturm heulte, froren zum Erbarmen und warteten auf den Mistköter, der sich mit stinkenden Raubtieren im Bau herumschlug. Erst als es dunkel geworden war, kam das rabiate Biest wieder zum Vorschein.

Zu Hause, sie hatten kaum die Tür geöffnet, flitzte Satan, naß und dreckig wie er war, ins Wohnzimmer und schlug sich die Behänge um den Kopf. Als Dörte das Licht eingeschaltet hatte, bot sich ihnen ein grauenerregendes Bild: Über und über waren die Möbel, die Wände, die Gardinen mit Blut bespritzt. Schon glaubte Dörte an einen Mord im Punschendorfer Forsthaus, schon suchten ihre ängstlichen Augen nach einer Leiche, als sich das Rätsel löste: Das Blut stammte aus den vom Dachs zerschlissenen Behängen Satans.

Dörte war entsetzt. Doch während der junge Hausherr sich in Ach und Weh um seinen geliebten tapferen Rauhbautz erging und sich den Teufel um die besudelten Wände scherte, bekam sie von ihm nur zu hören:

„Stell dich nicht so an wegen der paar Schweißspritzer an den Gardinen und Tapeten!“

Eine Woche später erwartete Dörte den ersten Besuch in ihrer jungen Ehe. Die Gardinen waren frisch gewaschen, die letzten Blutspritzer von den Tapeten mit raffinierten Mitteln entfernt worden, kurzum – das Heim war ein Schmuckkästchen, mit dem Dörte vor den gestrengen Augen zweier Tanten bestehen konnte. Nach lebhafter Begrüßung, die ihr sturer Gemahl in stummer Resignation über sich ergehen ließ, begaben sie sich an die Kaffeetafel, deren Attraktion eine Butterkremtorte und eine Schüssel mit Schlagsahne bildeten. Da es Kriegszeit war, zählten diese mühsam beschafften Köstlichkeiten zu seltenen, nur in aller Heimlichkeit zu verzehrenden Genüssen.

Kaum hatten sie Platz genommen, erschien – der Himmel bewahre uns vor Überraschungen – der Lehrer Redeflink. Geistesgegenwärtig ergriff Tante Emma die Schüssel mit der Sahne und schob sie unters Sofa, bevor Herr Redeflink etwas bemerkte. Jovial grinsend hockte er sich auf einen Stuhl, fragte dreimal, ob er auch nicht störe, und dachte nicht daran, der Situation durch seinen Rückzug einen besseren Anstrich zu geben.

Indem ließ auch schon ein unverkennbares Schmatzen unter dem Sofa die Mienen der drei Damen in mühsamem Lächeln erstarren, der Punschendorfer Herr verzog sein Gesicht zu aufreizendem Grinsen, und selbst Lehrer Redeflink wurde aufmerksam. Dörte hockte in ihrem Sessel wie in einem Ameisenhaufen und blickte flehend ihren Ehegatten an, bis dieser sich endlich bequemte, den ungebetenen Gast unter einem Vorwand in den Garten zu locken.

Kaum war der Nachbar verschwunden, entriß Dörte dem Dackel die Schüssel. Weiß bis über die Ohren, hockte der Kerl vor ihr auf dem Teppich und bettelte sie nun obendrein auch noch um den schäbigen Rest Sahne an. Einen Augenblick kämpfte Dörte mit sich und ihrer Wut, dann stieß sie ihm die Schüssel wieder hin:

„Friß weiter, du Mistvieh!"

Vor den neidischen Augen der lieben Tanten schlappte Satan mit ruhigem Behagen die Schüssel vollends leer.

Das Punschendorfer Leben erschien Dörte von Tag zu Tag unerträglicher; immer wieder stolperte sie über den verdammten Köter. Kam er heute stinkend wie die Pest nach Hause, das Fell mit Duftdelikatessen parfümiert, die nicht einmal Chanel übertönen konnte, so trottete er anderntags in die Nachbarschaft und ließ sich durch kein Rufen und

Locken von seinen selbständigen Unternehmungen abhalten. Seinem Herrn und Abgott hingegen – Dörte konnte das rasend machen – folgte er auf den leisesten Zuruf, auf ein Blinzeln seiner Augen.

Eines Tages bekam der Dackelrüde auch noch Junge. (Nach einer Auslegung ihres Mannes werden die Frauen die Kinder los und die Männer bekommen sie alsdann. Dörte hatte es sich abgewöhnt, solcher männlichen Logik zu widersprechen.) Drei Stück waren es. Das bedeutete, daß zwölf Dakkelpfoten die Seen in ihrer geheiligten Küche zu einem einzigen Gewässer ausdehnten, in das sich nicht einmal der Dakkelvater mehr traute. Zwei Wochen feierte das Scheuertuch Triumphe, lag es satt und vollgesogen in der Ecke und grinste die junge Hausfrau aus ständig feuchten Falten an. Bis Dörte mit ernsthaften Konsequenzen drohte und endlich erreichte, daß wenigstens zwei der Dackelgören aus dem Haus kamen. Das Blödeste daran war – und nun verstand Dörte sich selbst nicht mehr –, daß sie der Abschied von den beiden süßen Dackelkindern schrecklich traurig stimmte.

„Gottlob bleibt der kleine Bautz noch bei uns!“ Sie hatte es ganz leise zu dem verwaisten Welpen gesagt und dabei sein Köpfchen an ihr Gesicht gelegt. Niemand sollte hören, was sie ihm zuflüsterte. Doch da kam ihr Punschendorfer Gemahl hellhörig hinter seiner Jagdzeitung hervor, in die sie ihn vertieft glaubte, und rief:

„Frauchen, Liebes, nun bist du doch schon eine Punschendorferin geworden! Wie schön, wie wunderbar das ist!“

Ganz verrückt stellte sich der Kerl dabei an. Natürlich hielt sie es für nötig, seinen ungewohnten Elan zu bremsen – Punschendorf sei noch lange nicht Berlin! –, heimlich aber freute sie sich über seine Freude.

Ja, und seitdem sind viele, viele Jahre vergangen, Satan lebt nicht mehr – er fiel im Kampf mit einem starken Keiler – und auch Bautz ist tot. Punschendorf sah Dörte bittere Tränen weinen um zwei Hunde, die mit ihren lieben, unsäglich dankbaren Augen ihr Herz erobert hatten. Die Hunde und ihr stures Punschendorfer Herrchen – wie wollte sie es heute noch bestreiten! – hatten sie erkennen lassen, daß Berlin in nichts mit Punschendorf zu vergleichen war.

Porträt eines mecklenburgischen Forstmeisters

Viele haben ihn gekannt, nicht wenige werden ihn verkannt haben. Karg, zuweilen schroff in seinen Gesten und nicht ohne Ironie seinen Mitarbeitern gegenüber, hatte er sich im Laufe eines langen Lebens zu einer recht eigenwilligen Persönlichkeit entwickelt. Sein zäher Fleiß, seine mitunter an Starrsinn grenzende Geduld in der Verfolgung ihm vorschwebender Ziele forderten nicht weniger Respekt als seine vielseitigen jagdlichen und waldbaulichen Erfahrungen. Daß sich hinter seiner patriarchalischen, dem Habitus einer knorrigen Eiche nicht unähnlichen Erscheinung ein grundgütiges Herz verbarg, blieb vielen verborgen.

Forstmeister Karl Rabenstein stand bereits an der Schwelle zur Pensionierung. Daß er noch weit über sein siebzigstes Lebensjahr hinaus Dienst tun würde, sah seinerzeit niemand voraus.

Eines Tages, es war Ende Oktober, überraschte mich mein Vorgesetzter, Leiter eines Strelitzer Forstamtes, mit der Verfügung der Landesforstverwaltung, daß ich mit sofortiger Wirkung für ein in Mecklenburg-Schwerin gelegenes Forstamt freizugeben sei.

„Sie werden in dem Forstmeister Rabenstein einen sehr eigenwilligen Vorgesetzten haben, und ich kann Ihnen nur raten, sich über keine seiner oft ziemlich eigenwilligen Allüren zu wundern. Doch eines lassen Sie sich gesagt sein: Wie immer er Ihnen auch begegnen mag und wie oft Sie auch daran zweifeln mögen – der alte Herr ist ein prächtiger, liebenswerter Mensch."

„Das klingt recht zwiespältig! Doch Dienst ist Dienst, ich werde mich bemühen, so gut es geht mit ihm auszukommen. Darf ich ihn sogleich anrufen, um zu erfahren, wo ich dort eine Unterkunft finde?"

„Bitte tun Sie das, und grüßen Sie den alten Herrn von mir!"

Forstmeister Rabenstein war selbst am Apparat. Als ich ihm sagte, die Landesforstverwaltung habe meine Versetzung an sein Forstamt verfügt, antwortete er mir in breitestem Mecklenburger Platt:

„Dorvon weet ick nix, dat intressiert mi ok nich. Ick will Se nich hebben. Blieben Se man, wo Se sünd!" Damit knackte es in der Leitung, und der Herr Forstmeister war nicht mehr zu sprechen.

Als ich meinem Strelitzer Chef von diesem merkwürdigen Gespräch erzählte, lachte er:

„Das ist typisch für den alten Herrn. Aber machen Sie sich nichts draus! Selbstverständlich müssen Sie sich bei ihm zum Dienstantritt melden."

„Ich danke. Nee, ohne mich. Er lehnt mich doch rundweg ab, ohne mich überhaupt zu kennen."

„Das ist es ja gerade! Und wenn Sie es sich recht überlegen, spricht das doch für ihn."

„Das verstehe, wer will."

„Der alte Herr hängt an seinen Mitarbeitern; er gewöhnt sich nur schwer an ein neues Gesicht. Und glauben Sie mir: Wenn er Sie erst kennt, dann läßt er auch Sie nicht wieder gehen und wird sich jederzeit für Sie einsetzen."

Am Abend feierten wir in der Blauen Maus, einem gemütlichen Weinlokal, Abschied, der Forstmeister, der Sekretär und einige Kollegen, in deren Revieren ich fast ein Jahr tätig war. Einer von ihnen erbot sich, mich am nächsten Morgen mit seinem Auto zu meiner neuen Dienststelle zu fahren.

Mit dickem Kopf starteten wir nach durchzechter Nacht bei strömendem Regen. Je mehr wir uns dem Schweriner Forstamt näherten, desto blümeranter schaute ich der Begegnung mit dem merkwürdigen Alten entgegen. Würde er sich tatsächlich der Landesforstverwaltung widersetzen und mich abweisen? Und wo würde ich in der kommenden Nacht schlafen? Der tiefverhangene Himmel, aus dem Schauer um Schauer herabprasselte, war nicht dazu angetan, meine Stimmung zu heben.

Gegen elf Uhr bogen wir von der Landstraße zum Forstamtsgehöft ein. Auf der Freitreppe stand, grauhaarig, breitschultrig, in derben Transtiefeln, Forstmeister Karl Rabenstein. Bevor ich mich ihm vorstellen konnte, zog er ein faustgroßes Chronometer aus dem Hosensack und erklärte mir vorwurfsvoll:

„Seit vier Stunden stah ick hier in'n Rägen un luer up Se; bi uns fängt de Deenst üm soeben an."

Meinen Koffer noch in der Hand, hielt ich ihm entgegen, ich sei bis gestern abend im Strelitzer Forstamt beschäftigt gewesen und hätte inzwischen über hundert Kilometer zurückgelegt. Doch der Alte drehte mir wortlos den Rücken zu, stapfte ins Haus, und ich wußte nicht, ob ich ihm folgen sollte. Es fiel mir schwer, aber im Regen konnte ich nicht stehen bleiben. Auf der Diele dann gelang es mir, ihn zu fragen, wo ich im Dorf unterkommen könne.

„Dat weet ick doch nich", wurde mir zur Antwort. „Am besten gahn Se dörch't Dörp von Huus to Huus un fragen, wecker een Se upnähmen deit!"

Empört wies ich dieses Ansinnen zurück und bat, mich an den Forstsekretär zu verweisen, von dem ich mir mehr Entgegenkommen versprach. Da öffnete sich eine Tür, und eine ältere Dame begrüßte mich mit mütterlicher Herzlichkeit; es war Frau Rabenstein, von allen im Hause, wie ich bald erfahren sollte, „Mutting Forstmeister" genannt.

„Aber Vatting", sagte sie, „wir waren uns doch einig, daß Herr Gendrich bei uns wohnt".

„So, wier'n wi dat? Na, de Last dorvon häst du, ick nich."

Bedrückt von der Aussicht, mit dem schwierigen Herrn unter einem Dach leben zu sollen, ließ ich mir von einer Hausbediensteten mein Zimmer zeigen. Als ich wenig später vom Forstsekretär zum Mittagessen in dessen nahe Wohnung eingeladen wurde, hoffte ich, mehr über meinen künftigen

Chef zu erfahren. Doch alles, was ich hörte, war der lapidare Satz:

„Den lassen Sie nur, wie er ist! Der ist schon in Ordnung."

Nach dem Essen forderte mich der Forstmeister auf, ihn in mein künftiges Revier zu begleiten. Wir gingen zu Fuß, bei immer noch anhaltendem Regen und böigem Sturm. Kurz hinter dem Dorf verließ der Alte den Feldweg und stapfte querbeet mit mir über aufgeweichte Äcker und nasse Weiden. Bald stießen wir auf einen zwei bis drei Meter breiten Graben, und ich erlaubte mir die törichte Bemerkung:

„Rechts von uns scheint eine Brücke zu sein."

„Ach nee", antwortete der Forstmeister, „de heff ick in doertig Johr noch nich sehn. Aber wenn Se de Graben to breet is, denn koenen Se ja öwer de Brüch gahn."

Er nahm einen Anlauf – und sprang bis an die Hüften in das eiskalte Wasser. Ungerührt verließ er den Graben auf der anderen Seite, kippte steifbeinig das Wasser aus den Langschäftern und setzte mit mir den Reviergang bei schneidendem Wind und prasselndem Regen fort. Kein Wort sprach er mehr mit mir. Nur als wir zu den in ihrer Schutzhütte sitzenden Waldarbeitern kamen, bemerkte er kurz:

„Dat is de niege Förster! Sehn S'to, woans Se mit em torecht kamen!"

Erst am Abend, als wir zum Forstamt zurückgekehrt waren und ich mich auf mein Zimmer begeben wollte, würdigte er mich einer nächsten Äußerung:

„Wenn't eenmal gongt, waschen Se sich de Händ'n, bi'd tweet Mal kamen Se tom Äten!"

Als der Gong dann zum Essen rief, wußte ich nicht, in welches der vielen Zimmer des Forsthauses ich mich begeben sollte. Vor der Küche begegnete mir Fräulein Waldtraut, die Tochter des Forstmeisters. Meine offensichtliche Verlegenheit erkennend, verwies sie mich in das an die Diele grenzende Jagdzimmer:

„Vatting und Sie essen heute abend allein; wir haben bereits gegessen."

Zaghaft klopfte ich an die Tür und trat, als mir niemand antwortete – vielleicht war der Alte schwerhörig – ins Zimmer. Am Ende des wohl neun Meter langen und fünf Meter breiten, mit Bauernmöbeln und zahlreichen Trophäen ausgestatteten Raumes saß der alte Herr an einem für zwei Personen gedeckten Tisch; er hatte bereits mit dem Essen begonnen. Bescheiden, um nicht zu sagen befangen und schüchtern, blieb ich an der Tür stehen. Bis der alte Herr, ich weiß nicht, nach wieviel endlosen Minuten, aufwarf und knurrend fragte:

„Hunger hebben Se woll nich?"

Am Tisch dann vernahm ich die letzte Äußerung dieses Tages von ihm, und sie schien mir die widersinnigste zu sein, denn in mein noch immer von Befangenheit diktiertes Schweigen fielen die Worte:

„Nu räden S' nich so väl und langen S' to!"

Auf dem Tisch standen eine duftende Frischlingskeule, Sahnensoße, Salzkartoffeln und Preiselbeerkompott, dazu gab es einen vorzüglichen Rotwein. War es dann die Wirkung des Weines, den der alte Herr schweigend nachschenkte, die von ihm ausströmende Geruhsamkeit oder die mich überfallende wohlige Müdigkeit? Unversehens gab ich mich einem breiten Strom warmer Behaglichkeit hin. Ich fragte nicht mehr danach, und es überraschte mich auch nicht, daß ich nun den alten Herrn, auf den ich draußen insgeheim noch geflucht hatte, in all seiner Schrulligkeit doch irgendwie sympathisch fand.

Weihnachten stand vor der Tür. Da ich die Feiertage in Berlin verbringen wollte, bat ich den Forstmeister um Urlaub. Doch eine Antwort bekam ich nicht. Dabei hatte mir Mutting Forstmeister bereits gesagt, daß sie über Weihnachten und Neujahr mein Zimmer für einen ihrer Söhne benötigte. Ich wußte nicht, was ich davon halten sollte. Zwei Tage vor dem Fest wollte ich fahren, um dreizehn Uhr hätte ich auf dem zehn Kilometer entfernten Bahnhof sein müssen.

Wie jeden Mittag standen Waldtraut, ein junger Kollege namens Roth – er war bereits seit einem Jahr Hausgenosse – und ich auch heute im Eßzimmer hinter unseren Stühlen und warteten mit Mutting Forstmeister, die sich als einzige gesetzt hatte, auf das Erscheinen des Hausherrn. Nachdem er mit der ihm eigenen Gewohnheit, nie etwas zu überstürzen, am Ende der Tafel Platz genommen hatte, konnten auch wir uns setzen. Mutting Forstmeister reichte ihm die Fleischplatte, von der er sich, behaglich schmunzelnd, das beste Stück aussuchte, bevor er die Platte seiner Frau zurückgab und uns eine gesegnete Mahlzeit wünschte.

Und reich gesegnet war der Tisch an jedem Tag. Schon das Frühstück war vielseitig und handfest, Kaffee, feines und grobes Brot, Butter, Honig, Marmelade und mehrere Sorten Wurst. Mittags gab es stets ein leckeres Fleischgericht, zu dem ein Glas Rotwein gereicht wurde. Nach dem Essen zogen sich Vatting und Mutting Forstmeister zu einer Tasse Mokka in den Damensalon zurück. Erst am Abend sahen wir uns dann an der gemeinsamen Tafel wieder.

Nachmittags wurde nur für Roth und mich der Kaffeetisch gedeckt; Brot, Butter und Marmelade. Anfangs ließen wir aus vorgetäuschter Bescheidenheit eine der sechs für uns aufgetragenen Schnitten übrig. Bis es uns reizte zu erfahren, ob wir wohl mehr Brot bekämen, wenn wir die sechs Schnitten restlos vertilgten. Prompt lagen am nächsten Tag acht Schnitten im Brotkorb, am übernächsten zehn und einen Tag später zwölf. Als wir es schließlich auf insgesamt sechzehn Brotscheiben gebracht und dazu ein halbes Pfund Butter verzehrt hatten, erklärte uns Waldtraut, daß nunmehr der Kulminationspunkt unserer Völlerei erreicht und sie nicht gewillt sein, uns zu mästen. Künftig würden wir jeder mit sechs Schnitten auskommen müssen, auch wenn wir darüber vor Schwäche zusammenbrächen.

Während des Mittagessens hatte der Forstmeister kein Wort über den von mir erbetenen Urlaub verlauten lassen. Nur mühsam unterdrückte ich meine Enttäuschung und ging mit

Roth auf mein Zimmer. In zwanzig Minuten müßte ich auf dem Bahnhof sein; hätte ich den Alten doch nochmals an den Urlaub erinnert! Doch Roth hatte mir davon abgeraten; ich solle den alten Herrn nicht drängen; er wisse ja, mit welchem Zug ich fahren wolle.

„Und wie soll ich das noch mit dem Fahrrad schaffen? Ganz abgesehen davon, daß ich nicht einmal weiß, ob ich überhaupt fahren darf."

„Wetten, daß der Forstmeister Sie mit dem Auto zur Bahn bringt?"

„Der! – Das glauben Sie doch selbst nicht."

Als es in diesem Augenblick grob an die Tür klopfte, grinste Roth: „Na, was habe ich Ihnen gesagt!"

Da trat auch schon der alte Herr ins Zimmer und fragte mich vorwurfsvoll: „Säg'n S' mal, wo lang'n sall ick noch up Se luern? De Wagen steiht vör de Dör. Denken Se, ick heff nix anners to doon?"
Verwirrt klaubte ich meine Sachen zusammen. Wenige Minuten vor Abfahrt des Zuges war ich auf dem Bahnhof.

Drei Monate wohnte ich bereits bei Rabensteins und wußte immer noch nicht, was ich an Unterkunft und Verpflegung für mich und meinen Hund zu zahlen hatte. Fragte ich den Forstmeister, verwies er mich an seine Gattin; fragte ich sie, bekam ich zur Antwort: „Nein, das bestimmt mein Mann."

Als ich dem alten Herrn schließlich erklärte, ich müsse nun endlich wissen, was mir noch von meinem Geld gehöre und was ihm davon bereits zustehe, entgegnete er, ich könne mir doch wohl selbst sagen, daß ich nicht mehr und nicht weniger als der Hilfsförster Roth zu zahlen hätte.

„Und mein Hund?“

„De kost nix, de frett sich so dörch.“

Also zahlte ich, wie Roth, monatlich vierzig Mark; billiger und besser habe ich als Junggeselle nirgends gelebt.

Hatte ich mich bis dahin noch verärgert gefragt, warum der Alte es mir so schwer machte, ihn zu begreifen, so wurde mir mit der Zeit immer deutlicher, daß er zwar über alles unterrichtet sein wollte, jedoch nur selten auf eine Frage reagierte, die sich seines Erachtens von selbst beantwortete. Nichts war ihm in seiner Wortkargheit mehr zuwider, als weitschweifige Erklärungen anhören oder gar abgeben zu müssen.

Als die Bockjagd aufging, erwartete ich, daß er mir einen oder mehrere Böcke in meinem wildreichen Revier freigeben würde. Doch nichts dergleichen geschah. Anfang Juni schließlich fragte er mich vorwurfsvoll:

„Rehbück wull'n Se woll öwerhaupt nich scheeten? Oder laten Se sich jümmer so völ Tied dorbie?“

Am nächsten Morgen schoß ich den ersten Bock in meinem neuen Revier, einen alten Gabler, stark und lang in den Stangen. Als der Alte ihn sah, knurrte er mißbilligend:

„De wier ook bäter noch an'n Läben bläben.“

„Aber der Bock ist gewiß acht Jahre alt; der kann sich doch gar nicht mehr richtig vererben.“

„Wat sich so’n jungen Mann so denken deit! Dat een laten Se sich seggen: In’t Öller geiht dat woll mit den Quantität trüch, öwer nich mit de Qualität!“ Richtig ärgerlich wurde er dabei, als hätte ich junger Dachs ihn persönlich gekränkt.

Im Revier blieb es nicht aus, daß ich, bislang nur mit der Bewirtschaftung reiner Nadelholzreviere vertraut, in der waldbaulichen Behandlung des Laubholzes nicht immer das Richtige traf.

„Dat is nix!“ hörte ich dann den alten Herrn sagen; eine weitere, meine Fehler korrigierende Erklärung aber bekam ich nicht. Also blickte ich ihm, der selbst mit großer Passion die zu verjüngenden Buchenbestände des Forstamtes auszeichnete, bei jeder Gelegenheit auf die Finger, bis ich sein „Dat is nix!“ immer seltener zu hören bekam.

„Dat is nix!“ äußerte er auch, als ich einen wüchsigen, in seiner Qualität hervorragenden Eschenbestand sehr scharf ausgezeichnet hatte; ihm schien der Bestand verlichtet. Fünf Jahre später – ich war baß erstaunt, es von ihm zu hören – meinte er:

„Ick heff Se vör fief Johr unrecht dan; de Eschen sünd bannig wussen. Wat Se dormals makt hebben, wier doch richtig.“

Ärgerlich wurde der alte Herr, als ich eines Tages am Rand einer Buchenverjüngung eine starke Traubeneiche hatte fällen lassen, deren Stamm einen zwei Meter langen, fast gänzlich überwallten Schlagschaden aufwies.

„Aber die Eiche ist doch innen faul, sie mußte weg."

„De Eeck kenn ick nu all doertig Johr. In dree oder vier Johr wier de Fuulstell ganz towussen, denn har keen Holthändler miehr wat von den'n Schaden sehn. Dree Festmeter het de Eeck, dorför har'n wi dusendtweehunnert Mark krägen."

„Aber das ist doch Betrug, Herr Forstmeister!"

„Nee, dat is dat Risiko för den'n Holthändler."

Der reinen Verwaltungsarbeit widmete der alte Herr nicht mehr Zeit, als unumgänglich nötig war. Auch im Büro blieb er Praktiker. Zum Beispiel sah er nicht ein, wozu eine Schreibmaschine gut sein sollte. Da es ihm nicht lag, dem Sekretär einen Bericht in die Maschine zu diktieren, verfaßte er selbst handschriftlich, was er der Landesforstverwaltung mitzuteilen hatte. Zwar hatte die Landesforstverwaltung ihn bereits mehrmals angewiesen, seine Berichte in Maschinenschrift vorzulegen, doch reagierte er nicht darauf. Gelegentlich kam es sogar vor, daß er statt des Originals die Durchschrift an die vorgesetzte Dienststelle gab. Ob solchen Vorgehens gerügt, antwortete er lakonisch, die Durchschrift sei mit dem Original identisch. Schließlich ließ man den alten Herrn gewähren.

Von Statistiken, von Vor- und Nachkalkulationen hielt er nichts; in keinem Fall, so meinte er, hätten sie sich jemals auf den Wuchs seiner Naturverjüngungen oder auf die Einnahmen aus dem Holzeinschlag ausgewirkt.

Ein einziges Mal gerieten wir ernsthaft aneinander. Der Vertreter einer Holzhandlung hatte sich über das Aufmaß des in meinem Revier aufgearbeiteten Faserschichtholzes beschwert. Leider zu Recht; die Waldarbeiter hatten etliche Schichtholzstöße zu schmal und zu niedrig aufgesetzt. Nachdem ich die Stöße auf das vorgeschriebene Maß hatte bringen lassen, wollte der für sein dauerndes Nörgeln bekannte Vertreter das Aufmaß immer noch nicht anerkennen. Als mich der alte Herr daraufhin anwies, das Holz nochmals umsetzen zu lassen, lehnte ich das mit gutem Gewissen ab:

„Dat Holt stimmt nu!“

„Un wenn ick Se säg, Se laten dat Holt noch eens ümsetten, denn don Se dat!“

„Nee, dat do ick nich! Se möten mi miehr glööben as den'n Holthändler; de will doch bloß up use Kosten verdeenen.“

„Un wenn ick Se den'n deenstlichen Uptrag gäw, dat to don?“

„Ok denn do ick dat nich.“

„Denn möt ick an't Ministerium schriewen, dat Se den Deenst verweigern.“

„Dat koenen Se von mi ut maken, oewer don do ick't nich!“

„Szüh, de Herr weigert sich also?“

„Tjä, dat do ick. Mi salln Se glööben un nich den'n Holthändler!"

Einige Tage später war ich zufällig im Forstamtsbüro, als sich der Vertreter erkundigte, ob das Faserholz nochmals umgesetzt worden sei.

„Nee", antwortete Forstmeister Rabenstein. „Dorto kann ick ok gor nix säg'n. Dor möten Se den'n Herrn fragen", wobei er auf mich verwies, „de hett in sienen Busch alleen dat Räden."

Damit hatte sich die Angelegenheit erledigt; der Käufer übernahm das Holz wie es war, und der Forstmeister dachte nicht daran, dem Ministerium über mein Verhalten zu berichten.

Selbst als der alte Herr einmal wirklich allen Grund hatte, über das Fehlverhalten eines seiner Revierbeamten empört zu sein, reagierte er in ungewöhnlich nobler Weise.

Mein Nachbar, Revierförster Schaller, hatte sich während der Brunft in übergroßer Passion hinreißen lassen, einen starken Vierzehnender mit einem Geweihgewicht von über fünfzehn Pfund zu schießen, obwohl ihm nur ein geringer Hirsch freigegeben war. Schaller war aufrichtig genug, dem Forstamt sofort seine Verfehlung zu melden, gewiß, daß ihn nun eine strenge Disziplinarstrafe erwartete.

Der alte Herr, der zwar keinem Rehbock mehr Beachtung schenkte, aber gern einen guten Hirsch erlegte und in diesem Herbst selbst auf einen starken Hirsch waidwerkte, lehnte es ab, sich den von Schaller gestreckten Vierzehnender auch nur anzusehen. Mit Recht über den unbeherrschten Revierbeamten empört, erklärte er ihm, daß wohl kein Zweifel an entsprechenden Weiterungen bestünde; er sähe sich gezwungen, der Landesforstverwaltung unverzüglich Bericht zu erstatten.

Deprimiert, von Selbstvorwürfen gequält, wartete Schaller Woche um Woche auf die Reaktion der Landesforstverwaltung. Der arme Kerl tat uns allen leid, wir schätzten ihn ausnahmslos als einen stets hilfsbereiten Kollegen und ungewöhnlich fleißigen Beamten. Auch Waldtraut Rabenstein, die zeitweise im Büro des Forstamtes arbeitete, bedrückte es, den Unglücksraben in quälender Ungewißheit schmoren zu sehen. Bis sie mich eines Tages gegen die strikte Anweisung ihres Vaters wissen ließ, was dieser der Landesforstverwaltung berichtet hatte. Ich muß gestehen, es verschlug mir die Sprache:

„Bitte, Herr Gendrich, was ich Ihnen jetzt sage, ist nur für Sie und Herrn Schaller bestimmt! Auf keinen Fall dürfen Sie beide sich auch nur das geringste anmerken lassen. Vati hat seinerzeit die Landesforstverwaltung gebeten, den Abschuß des ihm selbst freigegebenen Ia-Hirsches dem Revierförster Schaller zu übertragen."

„Das ist doch nicht möglich! – Wie konnte er einen solchen Antrag überhaupt begründen?"

„Mit Schallers außergewöhnlichem Fleiß und den von ihm in den letzten Jahren erbrachten Leistungen! Übrigens wurde der Antrag bereits vor Wochen genehmigt."

Wäre es nach dem alten Herrn gegangen, der Kollege hätte nie erfahren, wie großmütig er sich ihm gegenüber verhalten hatte. Gewiß, er wollte ihn zur Strafe über die Folgen seiner ungezügelten Passion im ungewissen lassen; gleichzeitig aber fürchtete er, allen Gefühlsäußerungen widerstrebend, es könnte ihm jemand ins Herz schauen.

Im Laufe der Jahre hatte ich ihn kennen und trotz all seiner Schrullen schätzen gelernt; meine ganze Verehrung indes gehörte ihm von jenem Augenblick an, als ich nach schwerer Verwundung aus dem Krieg heimkehrte und er mich mit Tränen in den Augen wie einen Sohn in seine Arme schloß.

Sankt Bürokratius

Kennen Sie, verehrter Leser, das Glaubensbekenntnis subalterner Beamtenseelen? – Nein? – Es ist uralt; bereits der Karthager Tertullian umriß es vor eintausendsiebenhundert Jahren, wenn auch in anderer Zielrichtung, mit dem lapidaren Satz: „Credo, quia absurdum", auf deutsch: Keine höhere Weisung kann so blöd sein, daß ein Beamter nicht auf sie vertraute. Solange ihn seine heilige Einfalt nicht den Widersinn dieses Glaubenssatzes erkennen läßt, wird er ein beschaulich in die Zukunft schaukelndes Dasein führen. Besitzt er diese sancta simplicitas nicht, wird er wider den Stachel löcken, den Unsinn Unsinn nennen und seinen Vorgesetzten wie sich selbst den Weg mit Dornen pflastern.

Christian Kober, seines Zeichens Revierförster, besaß diese heilige Einfalt nicht. Also nahm er auch nicht unbesehen hin, was ihm vorgesetzt wurde, und beschied sich nicht mit dem, was nach höherem Ermessen, und mochte es noch so absurd sein, außerhalb jeder Kritik zu stehen hatte. Doch gegen den von den Menschen zum Schutzheiligen ihres alltäglichen Lebens erhobenen Sankt Bürokratius kämpfen Götter selbst vergebens.

Christian hatte eine Revierförsterei zugewiesen bekommen, die sich auf gerade zuvor aus Privathand angekaufte Waldflächen und ein am Waldrand gelegenes Wohnhaus gründete. Somit wurde er der erste Inhaber dieser neuen Forstdienststelle. Glücklich, nunmehr selbstständig schaffen zu können, setzte Christian seinen jugendlichen Eifer daran, aus dem Wohnhaus ein schmuckes Forsthaus zu machen, wozu seines Erachtens auch, als ergänzender Rahmen zum stilvollen Gebäude, ein Garten gehörte.

Platz war genügend vorhanden, und als er seinem Landforstmeister einen sauber skizzierten Plan für die Gestaltung des Gartens vorlegte, stimmte dieser begeistert zu. Sobald es die Jahreszeit erlaubte, gingen Christian und seine Frau ans Werk: sie ließen eine vor dem Haus gelegene Müllkuhle einebnen und säten im Frühjahr das gewonnene Terrain mit teurem Grassamen an; Obstbäume, Ziersträucher und Blumenrabatten vervollständigten die Anlage.

Über die durchaus in angemessenem Rahmen gehaltenen Kosten machte sich Christian keine Gedanken. Zwar lag die mit dem Bauplan beantragte Genehmigung des Hochbauamtes für die Gartenanlage aus haushaltstechnischen Gründen noch nicht vor, gleichwohl – der Landforstmeister hatte ja Christians Plan bereits zugestimmt.

Der Rasen lief auf, die Ziersträucher grünten, auf den Gemüsebeeten keimten Salat und Möhren, als Christian die ganze Pracht von Karnickeln bedroht sah. Selbst Rehe und Rotwild scheuten sich nicht, den am Wald gelegenen Garten aufzusuchen. Sollte die mühselige Plackerei nicht umsonst gewesen sein, mußte also bald der bereits vorsorglich mit dem Bauplan beantragte Staketenzaun errichtet werden. Christian rief den ihm vorgesetzten Forstmeister Fink an, einen liebenswerten, gänzlich unorthodoxen Mann.

„Natürlich“, entgegnete dieser, „müssen Sie einen Zaun setzen lassen. Überschreiten Sie aber auf keinen Fall den im Plan veranschlagten Betrag!“

„Ist denn der Plan inzwischen genehmigt?“

„Nein! Aber das ist eine reine Formsache; der Landforstmeister stimmte dem Plan ja selbst zu.“

Zwei Wochen später lag dem Hochbauamt die Rechnung über den von einer Baufirma erstellten Zaun vor. Kaum war sie dort gelandet, schrillte auch schon das Telefon auf Christians Schreibtisch:

„Hier Oberbaurat Kattenberg! Herr Kober, Sie haben uns eine Rechnung über den Bau eines Gartenzauns eingereicht. Die Rechnung können Sie selbst bezahlen; wir haben keinerlei Mittel dafür.“

„Der Zaunbau wurde doch im Bauplan veranschlagt.“

„Der Zaun ist gestrichen.“

„Keineswegs, Herr Kattenberg!“

„Wenn ich es Ihnen sage – der Zaun ist gestrichen!“

„Bitte, überzeugen Sie sich doch selbst davon; der Anstrich soll erst in der kommenden Woche erfolgen.“

„Herr Kober, wollen Sie mich verschaukeln? Der Zaun wurde im Bauplan gestrichen. Hätten Sie gewartet, bis Ihnen der Bauplan vorliegt...“

„Aber der Landforstmeister erklärte sich doch ausdrücklich einverstanden.“

„Die Mittel werden von uns, nicht vom Landforstmeister bewilligt. Ich gebe Ihnen die Rechnung zurück, und Sie bezahlen den Betrag selbst."

„Ich nicht! Ich ließ mir die Genehmigung für den Zaunbau vom Forstmeister Fink geben."

„Dann muß der ihn bezahlen."

„Moment! Zur Anlage eines Gartens zählt auch ein Gartenzaun, und es dürfte Ihnen besser als mir bekannt sein, daß von dem Hochbauämtern bei der Neueinrichtung einer Revierförsterei auch eine Gartenanlage zu projektieren ist."

„Das stimmt, Herr Kober! Aber bei Ihrer Försterei handelt es sich leider um keine Neueinrichtung."

„Wieso? Die Försterei ist erstmals in den Haushaltsplan eingebaut worden, und ich bin hier der erste Stelleninhaber."

„So sehen Sie es. Für das Hochbauamt ist jedoch die Neueinrichtung einer Forstdienststelle stets mit dem Neubau eines Forsthauses verbunden. In Ihrem Fall aber stand das Haus bereits."

„Dann wollen Sie also auch die Kosten für die Gartenanlage nicht übernehmen?"

„Was heißt: wollen; wir können es nicht!"

„Aber Sie sollten doch froh sein, kein Forsthaus mehr finanzieren zu müssen, sondern nur noch die Gartenanlage."

„Herr Kober, wir haben unsere Vorschriften. Wollten wir wirklich die Kosten für den Garten übernehmen, müßten wir Ihnen zuvor ein neues Dienstgehöft bauen. Das würde zwar den Vorschriften entsprechen, wäre aber doch wohl absurd."

„Für nicht weniger absurd halte ich es, jede andere Försterei mit einem Garten ausgestattet zu sehen, mir einen solchen aber aus bürokratischen Zwängen zu verweigern."

„Bedaure, wir haben uns strikt an unsere Vorschriften zu halten."

Da hatte Christian nun den Salat: Den Zaun wollte niemand bezahlen, und auf den Kosten für die Gartenanlage – sie beliefen sich auf rund sechshundert Mark – ließ man ihn sitzen. Doch Christian war nicht der Mann, die Sache auf sich beruhen zu lassen. Er bat den Landforstmeister, sich für ihn einzusetzen; immerhin hatte dieser seinerzeit dem Plan zugestimmt. Schließlich beglich der Landforstmeister die Zaunkosten aus dem ihm zugänglichen Titel „Verbesserung von Forstgrundstücken", ein haushaltsrechtlich zwar etwas fragwürdiges, am Ende aber vom Landesrechnungshof nur mir leiser Rüge bedachtes Verfahren. Für die Gartenanlage aber wollte niemand einstehen, und es blieb dabei, daß Christian seine Dienststelle auf eigene Kosten mit einem wunderschönen Garten ausstattete.

Sein Zorn war noch nicht verraucht, als eines schönen Sommertags der Baurat Mulus erschien, um im Auftrag des Hochbauamtes einige bauliche Veränderungen am Wohnhaus zu inspizieren. Da Herr Mulus nichts zu beanstanden hatte, vielmehr sich äußerst liebenswürdig zeigte, luden Kobers ihn zu einem gemütlichen Kaffeeplausch auf der

Veranda ein. Der Blick auf den Garten riß Herrn Mulus zu wahren Lobeshymnen hin; prächtig und ungemein stilvoll dem Wohnhaus angepaßt nannte er die Anlage und verabschiedete sich am Ende mit solcher Herzlichkeit, daß Kobers ihm gerührt nachblickten.

Vier Tage später erhielt Christian einen von Herrn Mulus unterzeichneten Brief des Hochbauamtes, dessen Inhalt ihn beinahe umwarf:

„Durch die repräsentative Gartenanlage“, hieß es in dem amtlichen Schreiben, „ist der Wert der Ihnen übertragenen Dienstwohnung wesentlich gesteigert worden. Wir sehen uns daher veranlaßt, den von Ihnen zu entrichtenden Mietzins mit Wirkung vom 1. 10. des Jahres um 10,– DM monatlich zu erhöhen.“

Wäre nicht zufällig Forstmeister Fink zugegen gewesen, Christian wäre vor Wut an die Decke gegangen. Natürlich nahm er dieses Schreiben nicht als etwas von Gott Gegebenes hin. Unter Hinweis auf die allein von ihm getragenen Kosten für die Gartenanlage bezeichnete er in seiner Antwort die Mieterhöhung als eine obskure Forderung, der er keinesfalls nachkommen werde, es sei denn, das Hochbauamt erstatte ihm zuvor die nachweislich von ihm verausgabten sechshundert Mark. Sollte aber das Hochbauamt weder bereit sein, auf eine höhere Mieteinnahme zu verzichten noch ihm den genannten Betrag zu erstatten, werde er kurzerhand den Rasen mitsamt den Ziersträuchern umpflügen und Kartoffeln anbauen. Dann könne von keiner „repräsentativen Gartenanlage“ mehr die Rede sein, und schon gar nicht von einer entsprechenden Mieterhöhung.

Also unter Druck gesetzt, blieb der Verwaltung einzig die Alternative, auf die Mieterhöhung zu verzichten. Doch für Christian war es letztens nur ein Pyrrhussieg über den allmächtigen Sankt Bürokratius, ließ dieser ihn doch, sich ins Fäustchen lachend, nach wie vor auf den Kosten für die Gartenanlage sitzen.

1:0 für den Unterrock

Winter 1944 auf 1945

Je tiefer die „Rote Armee“ in das Reichsgebiet eindringt, desto häufiger brechen russische Kriegsgefangene aus den Lagern aus, um sich zur unaufhaltsam näher kommenden Front durchzuschlagen. Sie benötigen Waffen und Lebensmittel und dringen im Schutz der nahen Wälder mit Vorliebe in einsam gelegene Forsthäuser ein. Die mecklenburgische Landesforstverwaltung sieht sich alsbald veranlaßt, ihre Beamten vor dieser sich ständig steigernden Gefahr zu warnen und legt ihnen nahe, ihre Waffen nachts im Schlafzimmer aufzubewahren. Nachdem ein Nachbarkollege seine Waffen durch einen wilden Überfall verloren hat, wird es dem Revierförster Renken bald zur Gewohnheit, sein eheliches Weib nach des Tages Last und Mühe schwerbewaffnet mit Drilling und „08“ in das gemeinsame Schlafzimmer zu geleiten. Flankiert von Weib und Waffen, durchschläft Renken beruhigt die Nächte im oberen Geschoß des Forsthauses.

Hier schläft auch das Ehepaar Kantel. Beide sind recht betagt. Sie bewohnen mit Renkens gemeinsam das Haus und haben wie diese im Erdgeschoß zwei Wohnzimmer und eine Küche; beide Wohnungen sind voneinander durch einen Flur und eine gemeinsame Waschküche getrennt.

Der alte Kantel ist froh, einen bewaffneten Mann im Haus zu wissen. Während seine Frau in stoischer Gelassenheit ihre alltägliche Hausarbeit verrichtet und die turbulente Zeit an ihr vorüberzugehen scheint, prüft er des Abends die Verriegelung sämtlicher Fenster und Türen und bangt, es könne jemand des Nachts die Wohnungen im Erdgeschoß ausräumen.

Eines Nachts wird Renken von einem polternden Geräusch geweckt, das aus einem der unteren Räume an sein Ohr dringt. Es ist stockdunkel, das Zifferblatt seiner Armbanduhr phosphoresziert matt, grünlich, gespenstisch. Zwei Uhr ist es, zwei Stunden nach Mitternacht. Renken hat sich im Bett aufgerichtet und lauscht atemlos in die Dunkelheit.

Nichts!

Doch jetzt, jetzt tappt es schlurfend durch den Hausflur, eine Tür öffnet sich leise, irgend jemand stößt in der Waschküche gegen einen Topf, der leise gegen den Waschkessel klirrt. Dann quietscht ein Türdrücker vertraut – kein Zweifel, die Burschen haben Kantels Speisekammer geöffnet.

Renken weckt seine Frau:

„Hörst du nichts? Unten im Haus sind Kerle; eben waren sie an Kantels Speisekammer."

„Um Gottes willen! Ja, jetzt höre ich es auch. Sei still und mach kein Licht; vielleicht gehen sie wieder!" Frau Renken atmet schwer.

„Wir können uns doch nicht die Wohnung ausplündern lassen!" flüstert Renken heiser. „Die alte Doppelflinte hängt im Flur an der Garderobe; ausgerechnet heute habe ich sie unten gelassen. Und dann die Geweihe! Ich gehe runter. Die 08 nehme ich mit."

„Bist du wahnsinnig! Willst du dich abknallen lassen wie der Gutsjäger Lindow vor drei Wochen?! Du bleibst hier! Deine blöden Geweihe – wer die schon nimmt! Da, jetzt wieder! Sie sind in Kantels Küche. Sei doch still!"

„Ich sage ja gar nichts. Aber denkst du, ich ließe mich vor dem ganzen Dorf lächerlich machen? Hab Waffen im Haus und wage mich vor lauter Angst nicht zu rühren. Nee, nicht mit mir! Ich gehe jetzt nach unten."

„Du bleibst hier!"

„Halt's . . .!" knurrt er wütend und schwingt sich im Schlafanzug aus dem Bett.

„Liebster, ich bitte dich!"

„Was denkst du überhaupt von mir? Bin ich vielleicht ein Feigling?" Renken greift zur Pistole, seine Hand zittert. „Das wäre ja gelacht, wenn ich mich hier, in meiner eigenen Wohnung, wenn ich . . . Hör doch auf mit dem Gejammer! Daß ihr Weiber gleich die Hosen voll habt, wenn – na ja, nun laß es schon gut sein! Ist ja auch Männersache."

Renken schleicht auf bloßen Füßen die Treppe hinunter. Seine Hand krallt sich um die Griffschalen der 08. Eisig kalt ist es im Flur auf den nackten Fliesen, mindestens zehn Grad unter Null. Kein Wunder, daß es ihn in seinem dünnen Schlafanzug schüttelt. Das Herz klopft ihm bis in den Hals.

Ruhig, Renken! Bevor du von einem Raum in den anderen gehst, mußt du wissen, daß hinter dir die Luft rein ist. Nichts wäre in dieser Lage fataler als ein Zweifrontenkrieg. Doch im Flur ist niemand außer ihm. Leise tastet er sich im Dunkeln zur Waschküche, findet die Klinke, drückt sie behutsam nieder, öffnet die Tür – und „krrrch“ macht sie in ihren rostigen Angeln und nochmals „krrrch“.

Verdammt! Wenn – doch nein, es bleibt still in der Waschküche, unheimlich still. Meine Frau, denkt Renken, wird im Schlafzimmer vor Angst um mich vergehen. Ob sie nicht recht hatte? Doch morgen werden sie im Dorf erzählen, mit der Pistole in der Faust sei er die Kerle angesprungen und...

Die Tür zu Kantels Küche ist nur angelehnt; Licht fällt durch den Spalt. Soll er nun warten, bis die Banditen in die Waschküche zurückkehren? Wenn sie aber durchs Fenster springen, in der Dunkelheit verschwinden? Wie wild sein Herz schlägt! In der Küche müßten sie es hören. Mut, Renken! – Mut? – Mut ist Mangel an Erfahrung! – Blöder Quatsch!

Immer unerträglicher wird die Spannung; sie schnürt ihm die Kehle wie mit einem Strick. An dem sie dich aufhängen werden, höhnt die Angst. – Angst? – Wer spricht hier von Angst?! Doch wenn nicht bald etwas passiert, wirft es ihm das Herz zum Hals hinaus und die Nerven als zerrissene Taue vor die Füße. Drauf jetzt, nichts als drauf!

Mit einem Satz ist Renken an der Küchentür, reißt sie auf, daß sie knallend gegen den Waschkessel schlägt, springt mitten in die helle Küche und steht barfuß, im Schlafanzug, mit vorgestoßener Pistole – vor der alten, nur mit einer weißen Nachtjacke und einem grauen Unterrock bekleideten Mutter Kantel.

„Wat wull'n Se denn hier?" fragt ihn die zahnlose Alte, von seinem schneidigen Überraschungsangriff offensichtlich völlig unberührt.

„Mudder – Mudder Kantel, wat maken Se hier midden in de Nacht?" stottert Renken fassungslos.

„Wat ick mak? Grönkohl kak ick. Vadder schnorchte so dull, dat ick nich schlapen künn", antwortete sie und achtet gar nicht auf die Pistole, die Renken, immer noch verwirrt, nun endlich von ihrer eingefallenen Brust nimmt.

„Na, denn gode Nacht ook!" murmelt er verstört und macht, daß er aus der Küche kommt.

„Was war denn?" fragte ihn seine Frau, als er wieder ins Bett kriecht. „Nun sag doch schon, was war da unten los?"

„Nichts, gar nichts! Die alte Kanteln kocht Grünkohl", antwortet Renken säuerlich und zieht sich das Deckbett über beide Ohren.

Mit Büchse und Flinte

Hein Nägenklook war Hamburger, doch mit der christlichen Seefahrt hatte er nichts im Sinn; ihn zog es aufs Land, und als er achtzehn geworden war, suchte er sich im Mecklenburgischen eine Stelle als landwirtschaftlicher Lehrling. Er fand sie bei Fritz Babendiek, der ein recht ansehnliches Gut, halb Land-, halb Forstwirtschaft, sein Eigen nannte. So sehr ihm die Tätigkeit als Klutenpedder auch zusagte, entdeckte er doch bald die erregenderen Reize der Jagd. Sein Lehrchef stellte ihm eine jagdliche Betätigung auf dem Gut in Aussicht, sobald er die unvermeidliche Jägerprüfung bestanden hätte.

Unbedarft, wie Hein Nägenklook als Großstädter in allen jagdlichen Dingen war, ging er doch ebenso schwungvoll wie unbekümmert den grünen Lehrstoff an, gewiß, daß ihn nichts aus dem Sattel werfen würde, von dem aus er sich das vielgestaltige Reich Dianas zu erobern trachtete. Zwar saß er nicht allzu fest in diesem Sattel, doch halfen ihm sein fixes Mundwerk und nicht minder seine offenkundige Begeisterung für das grüne Handwerk über manche Hürden hinweg, die ihm die Herren des Prüfungsausschusses, darunter auch sein Lehrchef Babendiek, stellten.

Um aufzuzeigen, wie frech und geistesgegenwärtig Hein die Hürden nahm, sei hier nur eine der vielen Fragen wiederholt, vor die er sich gestellt sah:

„Herr Nägenklook, Sie sehen hier drei verschiedene Enten vor sich. Nennen Sie uns deren Namen!“

„Links – das ist eine Stockente.“

„Sehr gut, Herr Nägenklook!“ nickte ihm ermutigend der Vorsitzende zu. „Und wie heißen die beiden anderen?“

„Das – das . . .“ Und schon saß Hein, wie die Enten, auf dem trocknen.

„Herr Nägenklook, wir wissen, wie schwierig es ist, die vielen Entenarten zu unterscheiden. Um Ihnen die Frage zu erleichtern: Neben der Stockente stehen eine Löffelente und eine Kolbenente. Doch nun müssen Sie uns wenigstens sagen, welche von beiden die Kolbenente ist.“

„Das ist die neben der Löffelente“, erwiderte Hein prompt.

„Na also, Herr Nägenklook!“ gab sich der Vorsitzende des Prüfungsausschusses mit der Antwort zufrieden – und übersah dabei völlig, daß Hein ihn mit seiner fixen Antwort übertölpelt hatte, denn welche von beiden Enten auch immer die Kolbenente war, in jedem Fall stand sie dort auf dem Tisch „neben der Löffelente“.

Fritz Babendiek grinste. Nein, er haute Hein nicht in die Pfanne; zum einen war es ja sein Lehrling, der hier vor dem Prüfungsausschuß stand, zum anderen belustigte es ihn, daß der Vorsitzende der so eindeutig zweideutigen Antwort blind aufgesessen war. Am Abend aber, als sie auf dem Gut bei steifem Grog Heins Sieg feierten, hielt er es doch für nötig, seinem gewitzten Eleven anzudeuten, daß er, Fritz Babendiek, sich nicht auf den Leim hatte führen lassen:

„Prost, Hein! Der Rum steht neben dem heißen Wasser. Oder steht das heiße Wasser neben dem Rum? Egal, mir können sie nichts vormachen. Nun schenken Sie schon nach! Immerhin, Sie haben die Prüfung bestanden, und zur Belohnung gebe ich Ihnen eine Ricke frei. – Hasen? – Natürlich können Sie auch einen Hasen schießen."

Zwei Wochen später erhielt Hein seinen ersten Jagdschein. Noch am selben Tag bat er seinen Chef, sich an der Äsungsfläche in der Wohlde ansetzen zu dürfen.

„Was wollen Sie denn dort schießen?" fragte ihn Fritz Babendiek.

„'nen Hasen oder 'ne Ricke; was mir gerade vor den Lauf kommt", antwortete Hein und brannte darauf, sich endlich als Jäger zu beweisen.

„Aber Hein, Sie haben doch keinen Drilling, und mit Ihrer Flinte können Sie doch nur einen Hasen, mit Ihrer Büchse nur eine Ricke schießen!"

„Weiß ich, Herr Babendiek, weiß ich. Ich nehme eben beide Waffen mit auf den Hochsitz."

„Wenn das nur gut ausgeht! Doch von mir aus – ich habe nichts dagegen. Aber schießen Sie mir keine führende Ricke!"

Fritz Babendiek war es recht, daß Hein in die Wohlde gehen wollte. Dort standen nämlich an der Äsungsfläche zwei Hochsitze einander genau gegenüber, was ihm Gelegenheit gab, Hein unbemerkt zu beobachten. Unbeaufsichtigt wollte er seinen unerfahrenen Zögling vorerst nicht lassen.

Eine halbe Stunde mochte vergangen sein, als ein Schmalreh aus der angrenzenden Dickung auf die Äsungsfläche zog. Gespannt blickte Fritz Babendiek aus seinem geschlossenen Hochsitz zu Hein hinüber. Würde der Junge das Stück richtig ansprechen? Immerhin mußte er sich in seiner Unerfahrenheit fragen, ob er nicht etwa eine führende Ricke vor sich hatte, deren Kitze noch in der Dickung saßen. Als Babendiek sah, daß Hein sich Zeit ließ und das Stück eingehend mit dem Glas beobachtete, freute er sich. Doch als es dann endlich knallte, trollte das Schmalreh, ebenso gesund wie verwirrt, zögernd in die Dickung zurück.

Zehn Minuten später rückte ein Hase, mehr als hundert Meter von Heins Hochsitz entfernt, in den Klee. Pech für den Jungen, dachte Babendiek. Doch schon sah er Hein behutsam die Leiter hinunterkraxeln und sich, die Flinte in der Hand, kriechend und robbend dem Hasen nähern. Und wieder mußte Hein eine Enttäuschung hinnehmen; bevor er ihm nahe genug gekommen war, hoppelte der Hase davon.

Fritz Babendiek grinste. Und aus seinem Grinsen wurde ein breites, lautloses Lachen, denn unverhofft zog das Schmalreh, nun auf der anderen Seite des Hochsitzes, wieder in den Klee. Ratlos sah er Hein mit seiner Flinte in volle Deckung gehen. Was würde der Junge nun tun? Seine Büchse befand sich auf dem Hochsitz ...

Aber Hein gab nicht auf. Auf allen Vieren glitt er zum Hochsitz zurück, lehnte die Flinte an die Leiter und gelangte tatsächlich von der Ricke unbemerkt nach oben. Der Lauf seiner Büchse schob sich über die Brüstung – doch nun war nirgends mehr ein Reh zu sehen. Nur eine wütend fuchtelnde Faust verriet Fritz Babendiek die grenzenlose Enttäuschung Heins.

Nicht genug damit: Wiederum eine Zeitspanne später rückte abermals ein Hase, knapp zwanzig Schritt vom Hochsitz entfernt, auf die Äsungsfläche. Heins Flinte aber stand unten an die Leiter gelehnt, und so leise und vorsichtig er auch abbaumte, kaum hatte er die Flinte in der Hand, hatte der Hase sich auch schon mit zwei, drei Fluchten in Sicherheit gebracht.

Fritz Babendiek fiel es schwer, nicht lauthals seinem bis zum Bersten angestauten Lachen Luft zu machen. Doch zu sehr plagte ihn die Neugier, was Hein nun tun würde. Gewiß, der Junge tat ihm leid, doch war es gut für ihn, daß er lernte, sich zu bescheiden und nicht gleichzeitig mehreren Zielen nachzujagen.

Indem sah er Hein auch schon, mit Büchse und Flinte bewaffnet, auf sich zukommen; offensichtlich hatte er die Nase von diesem Abend gestrichen voll und sich angeschickt, nach Hause zu gehen.

„Hein“, rief Fritz Babendiek von oben herab, „drehen Sie sich um; hinter Ihnen steht wieder die Ricke im Klee!“

„Verdammt nochmal!“ schrak Hein zusammen und blickte wild um sich. Doch als er sah, daß sein Chef ihn gefoppt hatte, knüllte er vor Wut seinen Hut zusammen und warf ihn auf die Erde.

„Aber Hein, die Jagd ist doch voller Lust und alle Tage neu. Nun seien sie vernünftig und nehmen Sie Ihren Hut wieder auf! Sie werden in Ihrem Leben noch manche Enttäuschung erleben. Morgen nehmen Sie nur die Büchse mit, dann wird es schon klappen."

„Schon gut", murmelte Hein. Verlegen, doch immer noch voller Wut, bückte er sich nach seinem Hut und setzte ihn wieder auf.

„Aber, Hein, Sie sind ja völlig durchgedreht! Jetzt haben Sie doch Ihren Filz verkehrt auf den Kopf gestülpt. Warum denn so ärgerlich?!"

„Wieso verkehrt?"

„Weil Sie den Schirm im Nacken statt über der Stirn haben."

„Wie können Sie so etwas behaupten, Herr Babendiek! Sie wissen doch noch gar nicht, in welche Richtung ich gehen will!"

„Entschuldigen Sie, Hein! Da haben Sie recht; das weiß ich wirklich nicht", entgegnete Fritz Babendiek und erschrak, denn fast wäre nun auch er dem losen Mundwerk Hein Nägenklooks aufgesessen.

Ein Chef mit Humor

Als Hubertus Hansen ihn kennenlernte, ahnte er nicht, daß er in ihm wenige Wochen später seinen Vorgesetzten finden sollte. Sie sahen sich in dem mecklenburgischen Forstamt Glambeck, in dem in jenem Jahr die Prüfung der Forstanwärter stattfand. Während Hubertus zu den armen Teufeln zählte, die sich der Prüfung zu unterziehen hatten, fungierte er, der Forstmeister von Langen, als Vorsitzender des Prüfungsausschusses.

Soweit ging alles gut. Nur der vor dem Forstamt ausgebreitete ‚Zaubergarten', eine Sammlung von mehr als sechzig numerierten Zweigspitzen, Holzproben und sonstigen forstlichen Vegetabilien, wurde nicht allein für Hubertus zu einer harten Nuß. Seit geraumer Zeit war es nämlich zur reizvollen Tradition geworden, diese Sammlung mit den absonderlichsten Pflanzen zu bereichern, wie einer Weidenblättrigen Birne, einem Japanischen Götterbaum, einem Buchsbaum mit überdimensionalen Schattenblättern oder sonstigen Leimruten für die armen Prüflinge.

Unsicher drehte Hubertus einen Zweig in den Händen, von dem er nicht wußte, ob es sich um eine Mehl- oder eine Elsbeere handelte. Plötzlich lenkte ein leises „Psst" seine Aufmerksamkeit auf eines der oberen Fenster des Forstamtsgebäudes. Ein bildhübsches Mädchen winkte ihm zu – und für den Bruchteil einer Sekunde erschien im Fenster ein

Stück Pappe mit der Aufschrift „Mehl-B.“. Dankbar notierte er den Fall in seiner Liste. Und wieder stutzte er vor einer Frage: Ein geflochtener Korb sollte auf sein Material hin bestimmt werden. Alt und abgegriffen wie er war, ließ sich nur erkennen, daß Bügel und Geflecht unterschiedlicher Herkunft waren. Die Hand am Bügel, schielte Hubertus um Hilfe heischend zum Fenster hinauf. Prompt erschien ein Plakat mit der Aufschrift „Haselnuß“. Ein Griff zum Geflecht, ein nächstes Plakat, und Hubertus erfuhr, was er nie erraten hätte: Das Geflecht bestand aus Kiefernwurzeln. Dankbar nickte er der reizenden Unbekannten zu. Erst viele Jahre später erfuhr er, wer ihm so liebenswert und spitzbübisch geholfen hatte; es war die Tochter des Glambecker Forstmeisters gewesen, die gemeinsam mit dem Forstsekretär den Zaubergarten zusammengestellt hatte.

Die Prüfungskommission hatte von der heimlichen Schützenhilfe nichts bemerkt, und Hubertus Hansen glaubte bereits, die Prüfung mit Anstand hinter sich gebracht zu haben, als es zu seinem ausgesprochenen Verdruß dem Forstmeister von Langen einfiel, die Prüflinge noch im Hornblasen zu examinieren. Völlig unmusikalisch, überließ Hubertus seinen versierteren Kollegen bescheiden den Vortritt. Wat to'n Backtrog uthaut is, dachte er, dor ward in'n Läben keen Vigelin ut.

Als letzter dann stieß er mit dem Mut der Verzweiflung ins Horn. Der Erfolg war verblüffend: Röchelnde, dann gellende Trompetenstöße jagten die Hühner vom angrenzenden Hof, im Grasgarten stellten die Kühe die Schwänze hoch und rasten in wilden Fluchten davon, die Kommission barst vor Lachen.

Erschrocken brach Hubertus sein Debüt ab und blickte unsicher um sich. Zwar beruhigte es ihn, nirgends ein trauriges oder gar böses Gesicht zu sehen, doch – die Note, dachte er, welche Note wirst du nun im Hornblasen bekommen?

Herr von Langen ließ ihn nicht lange im unklaren darüber: „Wenn Sie noch etwas retten wollen, dann sagen Sie mir wenigstens, wer den Vers schrieb: 'Das alte Horn, es brüllte nach Blut und wimmerte Gott genade'?“

„Börries von Münchhausen! Im ‚Bauernaufstand'“, antwortete Hubertus verdattert.

„Ja, gnade dir Gott, du Ritterschaft!“ lachte von Langen und fügte hinzu: „Geschenkt, geschenkt! Sind Sie einverstanden, keine Note im Hornblasen zu bekommen?“

Und ob Hubertus es war!

Eine Woche später, am ersten November, trat er seinen Dienst im Forstamt des Herrn von Langen an.

Das Forstamt hatte neben einem guten Rotwildbestand einen nicht weniger starken Bestand an Damwild, der eine intensive Bejagung insbesondere des Kahlwildes erforderte. Während von Langen die jüngeren Beamten voll am Abschuß des weiblichen Wildes beteiligte, rang er sich Trophäenträger nur schwer von der Seele.

Walter Hartmann, Revierförster in Pfarrbruch, hatte diese Erfahrung schon vor Hubertus gemacht. Als im Herbst auf seinem Dienstland ein Rothirsch in den Kartoffeln stark zu

Schaden ging, hatte er deshalb nur zurückhaltend von einem Spießer gesprochen, den ihm der Forstmeister doch freigeben möge. Großmütig stimmte von Langen zu, und Hartmann schoß den Spießer – einen uralten Hirsch, dessen endenlose, über den Rosen armdicke Stangen eine Länge von über neunzig Zentimeter aufwiesen. Hintergründig lächelnd zeigte er dann dem Forstmeister die starke, einmalig schön geperlte Trophäe. Daß dieser nun keinem Beamten mehr einen Spießer freigab, ohne zuvor nach dessen Stangenstärke zu fragen – wen wollte es verwundern?

Ende November nahm Hubertus Hansen an zwei Drückjagden auf Kahlwild teil. An beiden Jagdtagen schoß er je einen Damspießer, deren Erlegung von Langen ausdrücklich untersagt hatte. Hubertus wußte sich für die ihm peinlichen Fehlabschüsse nur mit dem Hinweis zu entschuldigen, er habe die dünnen, von den Lauschern verdeckten Spieße des flüchtigen Wildes glatt übersehen.

Am Abend schwangen sie in der Käsdorfer Fuhrmannsschenke die Humpen. In seiner bierlaunigen Ansprache ging von Langen auch auf die beiden Fehlabschüsse ein:

„Ihnen, lieber Herr Hansen, empfehle ich, sich künftig etwas intensiver mit der Frage: ‚ob Männchen, ob Weibchen' zu beschäftigen. Wie wenig Sie auf diesem Gebiet firm sind, haben Sie mir mit Ihrer letzten Klausurarbeit bewiesen."

„Wieso?"

„Nun, Sie schreiben da laufend von der ‚Abtreibung' der Kiefer an Stelle des fachgerechten Abtriebs. Ich möchte nicht den Verdacht aufkommen lassen, ich hätte Sie jemals zur Abtreibung angestiftet. Um Ihnen den Unterschied zwischen Männchen und Weibchen wenigstens beim Damwild deutlicher zu machen, überreiche ich Ihnen hiermit zur eingehenden Betrachtung die Trophäe des heute von Ihnen erlegten Spießers. Wobei ich bedaure, daß es mir nicht möglicht ist, ebenso mit den in unserem Forstamt n o c h lebenden Damspießern zu verfahren." Sprach's und übergab Hubertus die armselige, frisch gekappte Trophäe – mit silbern bronzierten Spießen.

Doch – weiß der Kuckuck, wie es möglich war! – am Ende der nächsten Jagd lag wieder ein von Hubertus erlegter Spießer auf der Strecke. Von Langen, nicht gewillt, sich weiterhin über ihn zu ärgern, erklärte nun vor jeder Jagd:

„Geschossen wird ... Männliches Rot- und Damwild ist zu schonen. Nur Herr Hansen darf aus Gründen der Tradition s e i n e n Damspießer erlegen."

Als diesem nach zwei oder drei Rückfällen kein Fehler mehr unterlief, behauptete von Langen, entweder wüßte Hubertus sein großzügiges Angebot nicht zu schätzen oder es seien ihm nun doch die Augen für das weibliche Geschlecht aufgegangen.

Es war im Forstamt bereits zur Tradition geworden, daß von Langen wenige Tage vor Weihnachten die Beamten seines Forstamtes zum abendlichen Julfest einlud. Serviert wurde ein mächtiger Wildschweinskopf, der Juleber; in Sülze zubereitet, bot er inmitten eines riesigen Walles duftender

Bratkartoffeln einen leckeren Anblick. Dazu wurden Bier und Rostocker Doppelkümmel gereicht. Wie stets, dehnte sich auch in diesem Jahr das Fest weit über Mitternacht aus.

Zwischen Hubertus und dem gleich ihm als Revierjäger im Forstamt tätigen Franz Kroch saß Gustav Plüsch, seines Zeichens neugebackener Forstsekretär. Von ihm meinten seine Kollegen, er hätte besser daran getan, im Laden seines Vaters Hutmacher zu werden, statt die grüne Zunft mit seiner Kleinkrämerei in Verruf zu bringen. Und weil er darüber hinaus nassauerte, wo immer sich ihm die Gelegenheit dazu bot, beschlossen Hubertus und Franz, ihm überreichlich zu dem zu verhelfen, wonach seine Kehle gierte.

Bedient wurde die feuchtfröhliche Gesellschaft von Retzow, dem Kutscher von Langens. Daß ihm der scharfe Geruch des Pferdestalls durch die blütenweiße Kellnerjacke drang, störte niemand sonderlich. Ihn baten sie, dem durstigen Gustav Plüsch laufend Rostocker Doppelkümmel nachzuschenken. Abwechselnd stießen sie nun mit Gustav an und versetzten ihn in kurzer Zeit in einen derartigen Rausch, daß er bald seine Umgebung nicht mehr erkannte und kreidebleich die Tafelrunde verließ.

Es dauerte nicht lange, bis von Langen bemerkte, daß Plüsch sich nicht mehr unter seinen Gästen befand.

„Wo ist Herr Plüsch geblieben?“

„Ich weiß nicht“, antwortete Hubertus scheinheilig; „vielleicht hat er den Juleber zu stark mit Kümmel versetzt.“

„Forstschädling Herse!“

„Herr Forstmeister?“ Der Forstlehrling Herse sprang beflissen von seinem Platz auf.

„Sie werden sofort die Nachsuche aufnehmen!“

„Jawohl, Herr Forstmeister! Nachsuche aufnehmen!“

Die in seinem Forstamt auszubildenden Forstlehrlinge gelegentlich als Forstschädlinge zu bezeichnen, hatte für Herrn von Langen einen besonderen Grund. Vor etlichen Jahren hatte er einem jungen Anwärter den Auftrag gegeben, aus seinem Keller ein Faß Raupenleim zu holen, den Leim mit Wasser zu der erforderlichen zähflüssigen Konsistenz anzurühren und den Brei als Leimringe von Waldarbeitern an den Stämmen eines vom Kiefernspinner bedrohten Bestandes anbringen zu lassen.

Früher als erwartet, kehrte der Anwärter zum Forstamt zurück.

„Nun, schon fertig mit der Arbeit?“ fragte von Langen.

„Nein, Herr Forstmeister! Ich komme, um Ihnen zu sagen, daß der Leim nicht ausreicht; außerdem taugt er nichts. Wir haben ihn über eine Stunde mit Wasser verrührt, doch er löst sich nicht; er bleibt nach wie vor körnig und haftet deshalb auch schlecht an den Stämmen.“

„Körnig, sagen Sie? Moment mal!“ Herrn von Langen überlief es plötzlich heiß und kalt; er stürzte in den Keller – und kam bleich wieder zum Vorschein. „Sie, Sie Unglücksrabe! Das Leimfaß steht ja noch im Keller, fünfundzwanzig Kilo schwer. Was Sie ...“

„Das Faß, das ich mitnahm, wog allenfalls zwei Kilo“, unterbrach ihn der Anwärter.

„Stimmt! Aber darin war kein Raupenleim, sondern Kaviar, bester russischer Malossol. Forstlehrling nennen Sie sich? In meinen Augen sind Sie ein ausgesprochener Forstschädling!“

Doch zurück zum Forstschädling Peter Herse! Vergnügt kehrte er in die zum Julfest versammelte Korona zurück. In guter Haltung, nur den Mund bis an die Ohren zum Grinsen verzogen, meldete er dem Chef:

„Nachsuche beendet! Zweifellos Weidwundschuß. Panseninhalt auf der Diele und im Herrenzimmer. Weiter der Wundfährte folgend, gelangte ich in den Salon der gnädigen Frau. Dortselbst das kranke Stück Sekretär im nassen Wundbett auf dem Teppich vorgefunden. Auf Fangschuß mit Rücksicht auf die gnädige Frau und die Einrichtung bislang verzichtet. Erbitte weitere Anweisung.“

„Sehr gut, Herr Herse! Ja, wenn das Stück bereits verendet wäre, hätte ich gesagt: an den Wildgalgen mit ihm! Da Forstsekretäre leider nicht zum jagdbaren Wild gehören, selbst nicht in ihrer ‚Rauschzeit‘, müssen wir auf den Fangschuß verzichten. Also bringen Sie ihn vorerst zur Ausnüchterung in sein Büro. Morgen früh werden wir weiter sehen.“

Am nächsten Morgen sah Gustav Plüsch die Welt grau in grau; er mußte sich – und auch das tat er erst, nachdem ihn Hubertus dazu veranlaßt hatte – bei Frau von Langen entschuldigen und, was ihn noch bitterer ankam, der Hausgehilfin ein ansehnliches Trinkgeld für die Reinigung der von ihm beschmutzten Räume geben.

Im folgenden Sommer wurde das Forstamt von einer schweren Brandkatastrophe heimgesucht. Zusammen mit den Beständen eines benachbarten Privatreviers gingen weit über tausend Hektar Wald in Flammen auf. Selbst in dieser Situation, die ihn und seine Beamten bis zur Erschöpfung forderten, verlor von Langen seinen unverwüstlichen Humor nicht.

Der Waldbrand hatte zahlreiche Reporter angelockt. So verständlich ihre Neugier auch war, ihre unaufhörlichen Fragen gingen den Forstbeamten, die wichtigere Dinge zu tun hatten, bald auf die Nerven.

Am besten wurde Forstmeister von Langen mit ihnen fertig. Mit diabolischer Freude beantwortete er allzu dumme Fragen mit so grotesken Schilderungen, daß selbst ein Münchhausen seine Freude daran gehabt hätte. Als einer der Pressevertreter theoretisierend bemerkte, es hätte doch ebensogut möglich sein müssen, den Brand früher einzudämmen, gab er ihm, Hubertus als Bürgen für den Wahrheitsgehalt seiner Erwiderung bezeichnend, zur Antwort:

„Da haben Sie wohl recht! Fast wäre uns das auch gelungen, aber – wie es der Teufel will – durch den Sperriegel, den wir gleich zu Beginn um das Feuer gelegt hatten, brach ausgerechnet zwischen zwei Dickungen ein Fuchs mit brennendem Schwanz. Herr Hansen und ich versuchten, ihn zu greifen, doch können Sie sich gewiß vorstellen, welch ein Tem-

po der Bursche drauf hatte; der brennende Schwanz wirkte auf ihn wie ein Raketenantrieb. Meilenweit setzte er hinter dem Sperriegel den Wald in Flammen. Dabei ging mir übrigens auf, wie einleuchtend und treffend unsere deutsche Waidmannssprache doch ist."

„Wieso – Waidmannssprache?"

„Nun, wir Jäger bezeichnen den Schwanz des Fuchses als Lunte. Warum? Das habe ich mich selbst oft gefragt. Jetzt endlich weiß ich es. Wirklich, diese Bezeichnung ist ungemein zutreffend und beweist, daß ähnliche Vorfälle schon in früherer Zeit beobachtet wurden."

Ein anderer Reporter sprach den Forstmeister auf die Schwierigkeit der Versorgung so zahlreicher Löschmannschaften an. Ihm wurde zur Antwort:

„Ach, wissen Sie, das war eigentlich recht einfach. Es bereitet ja auch keine große Mühe, einige Sack Salz herbeizuschaffen und das Salz zu verteilen."

„Entschuldigen Sie, aber ich verstehe wirklich nicht ..."

„Was gibt es da schon zu verstehen!? Sehen Sie, wir haben hier im Brandgebiet viele fischreiche Gewässer. Das ungeheure Feuer brachte sie in kurzer Zeit zum Kochen. Doch so ausgehungert die Männer auch waren – ohne Salz schmeckten ihnen die gekochten Fische einfach nicht. Erst mit dem Salz waren alle Versorgungsschwierigkeiten behoben. Nicht wahr, Herr Hansen, so war es doch?"

„Gewiß, Herr Forstmeister! Wenn Se't soo meenen, kann'n ok dormit de Lüüd deenen."

War es die Ernsthaftigkeit, mit der von Langen seine Märchen an den Mann brachte, war es die Gutgläubigkeit naiver Reporter, Tatsache bleibt, daß viele der phantasievollen Geschichten von Langens den Zeitungslesern für bare Münzen verkauft wurden.

Die UFA – sie stellte sich erst drei Tage nach Ausbruch des Feuers ein – fand zum Leidwesen von Langens kaum noch einen lohnenden Anblick für ihre Wochenschau. Que faire, sprach Zeus – vielleicht könnte man einen minderwertigen Bestand anzünden, um den Filmreportern ein lohnendes Motiv zu offerieren; vielleicht könnten Löschmannschaften die Asche mit Stöcken aufwirbeln, um gewaltige Rauchschwaden vorzutäuschen; vielleicht ließe sich das Lang- und Schichtholz auf den abgelöschten Kahlschlägen erneut in Flammen setzen?! Doch plagten Herrn von Langen Skrupel, und so scheiterten diese schändlichen Pläne.

Immerhin aber konnte man die Alarmierung eines Löschtrupps dramatisch in Szene setzen, ohne als Beamter in Gewissensnöte zu geraten. Mit süffisantem Lächeln ob des forstmeisterlichen Eifers bauten die Kameraleute ihre Geräte vor dem Forsthaus Pfarrbruch auf. Während auf dem Hof, von Stallgebäuden noch verborgen, zwei Dutzend mit Spaten und Schaufeln bewaffnete Waldarbeiter lauerten, wurde vor der Försterei ein Tisch aufgestellt, an dem Forstmeister von Langen Hubertus Hansen anhand einer überdimensionalen Karte die Lage erläuterte; gleichzeitig wartete Peter Herse mit seinem Motorrad im Hintergrund auf das Stichwort für seinen Auftritt.

Das Stichwort fiel, Peter kam angebraust, stoppte neben dem Tisch mit kreischenden Bremsen und brüllte die ihm zuvor eingebleute Meldung heraus, im Jagen 253 sei das Feuer auf eine im höchsten Maße gefährdete Fichtendikkung übergesprungen; zusätzliche Löschmannschaften seien dringend erforderlich. Der Chef übertrug Hubertus mit markigen Worten die Einsatzleitung. Ein gellender Pfiff auf zwei Fingern, der Löschtrupp kam spatenschwingend vom Hof gestürzt, Peters Krad heulte auf, mit zwei, drei Sätzen war Hubertus bei ihm, setzte zum Sprung auf den Soziussitz an – und schlug der Länge nach auf die Landstraße, während Peter in einer Wolke von Staub die Szenerie verließ. Eindrucksvoller ging es wirklich nicht mehr.

Das war offensichtlich auch die Meinung der Kameraleute; entschieden lehnten sie es ab, die effektvolle Szene zu wiederholen. So blieb es denn dabei, daß Hubertus „demnächst in allen Theatern" zum Gaudium des Publikums seinen blamablen Sturz wiederholen sollte – es sei denn, die UFA-Leute hatten gar keinen Film eingelegt und das in Szene gesetzte Stück blind mitgespielt.

Wenige Wochen nach der Katastrophe führten erste Lehrwanderungen die interessierten Forstbeamten in das Brandgebiet. Dabei wurde immer wieder die Frage laut: „Wieviel Wild kam im Feuer um?"

„Ein Dachs und ein Rehbock", lautete die Antwort. „Der Dachs wurde verendet vor seinem Bau aufgefunden; der Bock mußte durch einen Fangschuß erlöst werden, nachdem ihm die Decke an Läufen und Dünnungen verbrannt war. Anderes Schalenwild geriet wohl durch Zäune in Bedrängnis, doch konnte es in allen Fällen gerettet werden."

So geisterte allein der Bock als Opfer des Waldbrandes durch die Fach- und Tagespresse. Tatsächlich stand sein Ende in keinem Zusammenhang mit dem Waldbrand.

Etwa eine Woche nach Ausbruch des Feuers stieß Hubertus gelegentlich eines Kontrollgangs mit Walter Hartmann nahe der Brandfläche auf einen Sechser, dessen Gehörn in der Morgensonne mehr zeigte, als er in Wirklichkeit besaß. Hastig flüsterte Walter Hubertus zu:

„Los, schieß ihn! Beeile dich!"

Hubertus ließ sich das nicht zweimal sagen. Am Rand einer vom Feuer vernichteten Dickung brach der Bock verendet zusammen.

„Mann, ich habe doch gar keinen Bock frei!"

„Das laß nur meine Sorge sein! Brich ihn auf und laß uns dann frühstücken!"

Natürlich freute sich Hubertus über seinen ersten im Forstamt erlegten Bock; auch der gute Schuß hatte ihm Spaß gemacht. Doch bei dem Gedanken an den Forstmeister von Langen wurde ihm flau im Magen. Bedrückt verrichtete er die rote Arbeit und verzehrte ohne Appetit sein Brot. Twee Fohrlüüd up eenen Wagen döggt nix, dachte er mißmutig; ohne Walters spontane Aufforderung hätte er den Bock gewiß nicht geschossen.

„Halt, wirf das Butterbrotpapier nicht fort; wir brauchen es noch!“

„Wozu?“

„Das wirst du gleich sehen.“

Indem knüllte Walter das Papier zusammen, legte trockenes Reisig darauf und zündete den kleinen Scheiterhaufen an. Als das Feuer mit heller Flamme brannte, hielt er nacheinander die vier Läufe und dann die Dünnungen des Bockes darüber; schnell waren die Schalen und die dem Feuer ausgesetzten Deckenteile versengt. Es stank bestialisch.

„So, das hätten wir! Jetzt kann der Haumeister den Bock zur Revierförsterei bringen.“

„Walter ...“

„Mach nicht ein so dämliches Gesicht! Es stinkt mir schon lange, daß dir der Chef noch keinen Bock freigab.“

Am Nachmittag sah von Langen den Bock in Pfarrbruch am Wildgalgen hängen. Natürlich fragte er sogleich, wer ihn geschossen habe.

„Herr Hansen!“ antwortete Walter gelangweilt.

„Sie, Herr Hansen? Ich wüßte nicht, daß ich Ihnen ...“

„Moment, Herr Forstmeister! Bevor Sie Herrn Hansen Vorwürfe machen, sehen Sie sich den Bock bitte genauer an.“

Als von Langen die ‚Brandmale' am Bock entdeckte, lenkte er sogleich ein: „Mein Gott, wie muß der arme Kerl gelitten haben! Ein Glück, daß Sie ihn von seinen Qualen erlösen

konnten. Selbstverständlich genehmige ich den Abschuß nachträglich."

Hubertus nickte dankbar und enthielt sich wohlweislich jeder weiteren Äußerung. Doch der Brandbock, der mit jeder Lehrwanderung berühmter wurde, lag ihm noch lange schwer auf der Seele. Ungetrübte Freude an dem Gehörn fand er erst, als er Jahre später – er gehörte dem Forstamt längst nicht mehr an – dem Forstmeister von Langen zufällig auf dem Bahnhof der kleinen Landeshauptstadt begegnete. Die Freude, einander wiederzusehen, war auf beiden Seiten ehrlich.

„Kommen Sie, wir gehen in Rudloffs Weinstuben!" bat ihn von Langen. „Dort müssen Sie mir bei einem Glas Rotspon erzählen, wie es Ihnen seither ergangen ist. Verheiratet sind Sie inzwischen auch? – Ihre Gattin? – Es freut mich, Sie kennenzulernen."

„Unser Zug fährt in zwei Stunden, also haben wir Zeit", unterbrach Hubertus den altvertrauten Redefluß von Langens. „Aber nur unter einer Bedingung: Sie müssen mir erlauben, daß ich die Flasche Beaujolais bezahle. Ich bin sie Ihnen noch schuldig."

„Sie mir?"

„Ja, ich Ihnen! Denken Sie an den Brandbock!"

„Jetzt verstehe ich gar nichts mehr."

„Warten Sie's nur ab!"

Bei der zweiten Flasche Beaujolais dann fiel es ihm nicht mehr schwer, von Langen die Geschichte des Brandbocks zu beichten.

„Und Sie wollen wirklich behaupten, Herr Hansen, daß ich Ihnen während Ihrer Dienstzeit in meinem Forstamt keinen Bock freigab?"

„Außer dem nachträglich genehmigten Brandbock – keinen!"

„Da verstehe ich mich selbst nicht mehr. Dennoch", und damit erhob von Langen sein Glas, „lassen Sie uns einander Absolution erteilen. Einverstanden?"

Honig und Kakaobohnen

Franz Kordes, seines Zeichens Förster im niedersächsischen Staatsdienst, hat eine Revierförsterei in der Lüneburger Heide übertragen bekommen. Kordes ist glücklich; endlich hat er ein Revier in einer bezaubernden Landschaft. Teiche und weite Heideflächen mit Birken und Wacholdern lokkern die Kiefern- und Fichtenbestände auf. Rotwild und Sauen ziehen ihre Fährten durch das einsame Revier. Fernab vom hetzenden Verkehr hat er ein Refugium gefunden, in dem er nur selten einem Fremden begegnet.

Einzig zur Zeit der Heideblüte wird es in seinem Wald lebendiger. Imker kommen von weither und stellen ihre Bienenkörbe in den schon altersgrauen Immenzäunen auf. In guten Honigjahren zählt Kordes mehr als ein halbes Tausend Bienenvölker in seinem Revier. In der Mittagsstunde, wenn das Sonnenlicht ungebrochen vom wolkenlosen Himmel fällt, singt die Heide ihr summendes, einschläferndes Lied.

Zu den Imkern, die seinen Wald aufsuchen, gehört auch der bald achtzigjährige Paul Plietsch. In der nahen Kreisstadt unterhält er ein „Honighaus“, in dem er neben Heidehonig die köstlichsten Honigmischungen aus aller Welt verkauft. Da gibt es Sorten, die sich aus dem Nektar türkischer, griechischer und selbst südamerikanischer und kanadischer Blüten zusammensetzen und, in feiner Abstimmung auf den

Geschmack seiner vielen Kunden, reißenden Absatz finden. Die Krone allen Honigs aber – und das drückt sich auch im Preis aus – ist und bleibt der Heidehonig. Unter der Markenbezeichnung „Heidegold" verkauft Plietsch ihn mit ständig steigendem Umsatz. Das Merkwürdige dabei ist, daß Plietsch auch dann unbegrenzt „Heidegold" auf den Markt bringt, wenn in diesem oder jenem Jahr die Heidetracht durch Dürre oder anhaltenden Regen ausgefallen ist.

Doch davon weiß Franz Kordes nichts. Bis er eines Tages zum Schöffen des Amtsgerichts in der Kreisstadt bestellt wird. Es sind keine dicken Fische, die den Gesetzeshütern ins Garn gegangen sind; Stehler und Hehler, Raufbolde und trunkene Autofahrer – alles in allem kleine Gauner, die zwar nicht allzuweit vom Pfad bürgerlicher Tugenden abwichen, nur selten aber ein heiteres Licht in den grauen Gerichtssaal werfen.

Anders Paul Plietsch, der zur Überraschung Franzens vor den hohen Schranken des Gerichts auftaucht. Das Ordnungsamt hat ihn vor den Kadi gebracht, nachdem es durch eine Lebensmittelanalyse feststellte, daß der von ihm angebotene Heidehonig jeglichen Gehalts an Erikapollen entbehrt.

Vor dem Amtsrichter und den ihm beigeordneten Schöffen steht als Beweisstück der Anklage ein Honigglas der Marke „Heidegold". Das Etikett zeigt eine Heidelandschaft mit Birken und Wacholdern; obendrein trägt es, um den Kunden auch den letzten Zweifel an der Echtheit des leckeren

Heidehonigs zu nehmen, die sinnige Aufschrift: „Wat dor upsteiht, is dor ok in“. Der Honig schmeckt vorzüglich; Amtsrichter, Schöffen und selbst der Staatsanwalt probieren ihn. Dennoch – es ist eben kein Heidehonig, und der Vorwurf einer von Plietsch begangenen Lebensmittelfälschung ist nicht zu erschüttern.

Da Plietsch zum drittenmal wegen des gleichen Delikts vor Gericht steht und somit „einschlägig vorbestraft“ ist, beantragt der Vertreter der Anklage eine Geldstrafe in Höhe von tausend Mark. Ein bißchen viel, denkt Franz Kordes, dem der Alte leid tut, zumal dieser, gewiß wegen der hohen Kosten, keinen Verteidiger zur Seite hat. Auch rührt ihn – eine Erinnerung an seine mecklenburgische Heimat – das anheimelnde, behäbige Platt des alten ob seiner überdimensionalen Länge unbeholfen wirkenden Heidjers.

Doch Paul Plietsch ist keineswegs so unbeholfen, wie Kordes denkt. Als ihm das Schlußwort vor der Urteilsverkündung erteilt wird, versucht er den „Preis“ für sein Vergehen zu drücken. Da es hier jedoch nicht um Angebot und Nachfrage geht, läuft der Handel ergebnislos aus. Der Preis, das muß auch Plietsch einsehen, wird nicht im Gerichtssaal, sondern in der internen Beratung des Hohen Gerichts festgesetzt. Also stellt Plietsch seine Verteidigung um; nunmehr bezeichnet er die vom Staatsanwalt geforderte Strafe als im vollen Umfang ungerechtfertigt.

„Woans dat?“ fragt ihn der Vorsitzende und verfällt damit ebenfalls in das ihm durchaus geläufige Platt.

„Woans dat?“ echot Plietsch zurück. „Dat will ick Sei seggen: Wenn Sei mi verdunnern, denn mööten Sei ok Sprengel in Hannover verurdeelen.“

„Sprengel?“

„Tjä, Schokoladen-Sprengel! Mi maken Sei den'n Vörwurf, dat ick minen butlännischen Honnig as Heidehonnig verkööp – un wat makt Sprengel?“

„Na, wat denn?“

„De verköfft sin Schokolad as 'Made in Germany' – un de Kaukaubohnen wassen ok nich in Dütschland!“

„Aber Herr Plietsch, das weiß doch jeder.“

„Tjä, weeten deit dat jeder, doch bestrafen deit em keener! Aber so is dat jümmer: De Grooten laten's loopen un de Lütten hängen's up. Nee, dat gifft keen Gerechtigkeit mihr up de Welt.“

Mühsam das Lachen unterdrückend, ziehen sich Richter und Schöffen zur Beratung zurück. Als das Urteil verkündet wird – Paul Plietsch muß fünfhundert Mark Strafe zahlen – glauben sie, nicht nur dem Gesetz, sondern auch dem alten Plietsch gerecht geworden zu sein.

Paul Pracher kann es nicht lassen

Revierförster Pracher ist ein lustiges Huhn. Er hat den Schalk im Nacken und läßt sich keine Gelegenheit entgehen, seine Freunde und Nachbarn anzupflaumen. Zu Hause hat er bei seiner Frieda nicht viel zu bestellen, doch kann er auch ihr gegenüber seine Zunge nicht zähmen, wenn sie beide sich in Gesellschaft anderer befinden. Was er hernach in den eigenen vier Wänden von ihr zu hören bekommt, darüber weiß er sich wohlweislich auszuschweigen.

Eines Abends hatten sie Gäste. Es war eine fröhliche Runde. Die Männer ‚hackten Holz', die Damen ereiferten sich über die neueste Mode. Bis ein neues Thema, die Ehe, beide Geschlechter gleichermaßen ansprach. Einer der Gäste, ein bereits leicht ergrauter Grünrock, verteidigte seinen Junggesellenstand. Die Ehemänner – was blieb ihnen in Gegenwart ihrer besseren Ehehälften auch anderes übrig – widersprachen ihm mit mehr oder minder großem Elan. Den Ursprung, den Kernbestandteil des Wortes ‚Ehe' aber, so warf der Junggeselle am Ende ein, könne er sich nicht erklären.

„Ehe heißt: Irren ist menschlich", entgegnete ihm Paul Pracher und fügte mokant hinzu: „Damit dürfte Ihre Frage, lieber Kollege, wohl präzise beantwortet sein."

„Wieso? Ich verstehe Sie nicht, Herr Pracher", antwortete ihm der seinem Junggesellendasein verschworene Kollege.

„Sie haben kein humanistisches Gymnasium besucht? Nun, in die Sprache der alten Römer übersetzt, heißt ‚Irren ist menschlich' Errare humanum est. Und da die alten Römer gewiß schon Kürzel gemacht haben, zweifle ich nicht, daß Ehe ein Kürzel dieses altrömischen Sprichwortes ist."

„Das glaubst du doch selbst nicht", warf Frieda erbost ein. „Komm uns doch nicht mit so uralten Kamellen!"

„Wenn du es neuer haben willst, meine Liebe, so kann ich dir auch mit einer moderneren Version dienen. Habt ihr nicht alle schon", wandte sich Paul an seine Gäste, „bemerkt, daß das Wort ‚ehe' nirgends häufiger verwandt wird als in der Ehe? Ehe ich dich heiratete! Ehe ich dich zum Traualtar führte! Ehe ich meine Freiheit verlor! Erst in der Ehe wurde ehe ganz groß geschrieben. Ist es da ein Wunder, daß man den Zustand nach der Hochzeit als Ehe bezeichnet!?"

Dem Junggesellen sagte Pauls Version ungemein zu, seiner Frieda hingegen gar nicht.

Frieda kann sich auch die Krätze ärgern, wenn er vor allen Leuten erklärt, eine Waschmaschine würde er niemals für seinen Haushalt kaufen, denn eine solche habe er ja bereits geheiratet. Ebenso bringt es Frieda auf die Palme, wenn er wildfremden Menschen erzählt, wie teuer ihn sein Auto zu stehen komme: „Überlegen Sie doch einmal, was es heißt, in einem einsam gelegenen Forsthaus wohnen zu müssen! Da muß sich meine Frieda genau aufschreiben, was sie alles in der Stadt einkaufen will. Doch nein, nach jedem Einkauf fehlt mal dieses, mal jenes; sei es Salz oder Zucker, eine Glühbirne oder Nähgarn. Und das, mein Bester, kommt mich dann immer wieder teuer zu stehen, denn was meine Frau nicht im Kopf hat, muß ich im Tank haben!"

Kürzlich suchten sie ein Schuhgeschäft auf. Geduldig sieht Paul zu, wie seine Frieda ein Paar Schuhe nach dem anderen anpaßt und im Laden mal mit Pumps, mal mit platt- oder hochhackigen Schuhen auf- und abschreitet. Seine eigene Geduld ebenso wie die der Geschäftsinhaberin bewundernd, stellt er dieser gegenüber unvermittelt fest: „Daß Sie ausschließlich von Laufkundschaft leben müssen, ist mir auch neu." – „Wieso?" – „Nun, wenn ich meine Frieda so betrachte!"

Selbst seine Vorgesetzten sind vor seinem Mundwerk nicht sicher. Gerät er dabei auch gelegentlich in Verschiß – die Genugtuung, die Lacher auf seiner Seite zu haben, kompensierte noch jedesmal die verdrießliche Reaktion seiner Opfer.

Eines Abends sitzt Paul mit dem Assessor Willibald auf dem Hochsitz, als vor ihnen ein Bock in den Klee zieht, dessen Gehörn im Gegensatz zu den starken Rosen und Stangen oberhalb der Vordersprosse auffallend gering erscheint. Auch dem Assessor fällt das auf, und er fragt Paul, was wohl zu dieser merkwürdigen Stagnation in der Gehörnbildung geführt haben könnte. Nie um eine Antwort verlegen, entgegnet Paul in aller Ernsthaftigkeit: „Der Bock ist zweifellos auf Ortstein gestoßen; diese Erscheinung macht sich, wie Sie sehen, auch auf der an den Klee grenzenden Kiefernkultur bemerkbar. Der Baumwuchs ist plötzlich deutlich vermindert.“

„Ein höchst merkwürdiges Phänomen! Immerhin – eine gewisse Parallelität ...“ Doch dann verstummt der Assessor plötzlich, und Paul sieht förmlich, wie die Gehirnwindungen Willibalds arbeiten. Es dauert lange, peinlich lange, bis sich der Assessor an die Stirn schlägt und ärgerlich äußert: „Sie sind ja verrückt, Herr Pracher! Ein Bock – und auf Ortstein stoßen! Wollen Sie mich etwa auf den Arm nehmen?“

Genau das, denkt Paul befriedigt, während er in aller Unschuld beteuert: „Aber Herr Assessor, wie könnte ich! Nein, nein, ich bin doch selbst nur einem dummen Gedanken aufgesessen.“

War es diesmal noch gut ausgegangen, so dauerte es nicht lange, und Paul hat es mit einem nächsten Vorgesetzten restlos verdorben.

Unter der Fahne des Fortschrittes sucht die Verwaltung seit Jahren mit großem Aufwand und noch größeren Unkosten aus den roten Zahlen herauszukommen. Buchungstechnische Reformen sollen dazu beitragen. Kaum ist man mit dem umständlichen Lochkartensystem auf die Nase gefallen, steht den Betriebsbeamten die ‚EDV‘ ins Haus. Wäre man bei dem alten Verfahren geblieben, hätte jede Försterei mit einem diensteigenen Staubsauger ausgerüstet werden müssen, so sehr häuften sich auf und neben den Schreibtischen die aus den Lochkarten gestanzten lustigen Konfettiplättchen.

Unter ‚EDV‘ ist beileibe keine „Echte Dienstvereinfachung“, sondern die „Elektronische Datenverarbeitung“ zu verstehen; eine ebenso verwickelte wie kunstvolle Methode, vor der die pensionsnahen Beamten das Handtuch werfen. Ihren noch nicht von der Elektronik verformten Hirnen fehlt die Einsicht, daß man, Abrakadabra, alles und jedes in Zahlen verwandeln kann. Da werden aus Menschen und Bäumen, aus Schnee und Unterholz, aus Steinen und Beerkraut Ziffern, Merkmale und Schlüsselzahlen, die, unterschiedslos addiert und subtrahiert, ein völlig neues Waldgefühl vermitteln, und es bedarf einer intensiven Schulung, bevor dieses Gefühl sich endlich der Hirne und Herzen der unbeirrbar simplen Grünröcke bemächtigt.

Die Betriebsbeamten dreier Forstämter sind zu einem Schulungskursus zusammengezogen, dessen Stoff ein höherer Beamter des Forstplanungsamtes ebenso souverän wie humorvoll zu vermitteln versteht. Die Grünröcke folgen willig seinen Ausführungen, fragen, wenn ihnen noch etwas unklar ist, und schicken sich am Ende, dem Zwang erliegend, ins Unvermeidliche.

„Das wäre es!“ beendet der Planungsbeamte den Kursus. „Falls noch jemand zum Thema etwas zu bemerken hat – bitte, meine Herren, tun Sie sich keinen Zwang an!“

Natürlich ist es Paul Pracher, der sich als erster zu Wort meldet. Leider vergißt er dabei die Anwesenheit seines humorlosen Chefs, der als Amtsleiter in zementierter Größe über den Niederungen des banalen Betriebsdienstes steht.

„Vorweg möchte ich bemerken“, erklärt Paul, „daß ich nach diesem Kursus meinen Eltern den Vorwurf machen muß, mich nicht einige Jahre früher gezeugt zu haben. Wäre das geschehen, müßte ich mich heute nicht mehr mit der EDV plagen. Doch zur Sache: Sie haben uns gezeigt, wie notwendig es ist, alle nur erdenklichen Faktoren in Merk- und Schlüsselzahlen umzusetzen, um Fehlerquellen oder Fehlbuchungen zu unterbinden. In welcher Spalte und unter welcher Schlüsselnummer, frage ich Sie, erscheint denn das Geburtsdatum des für die jeweilige Berechnung verantwortlichen Beamten?“

Wie alle im Schulungsraum versammelten Grünröcke versteht auch der Planungsbeamte sogleich, daß Paul mit seiner Frage nur frotzeln will, und geht in gespielter Ernsthaftigkeit darauf ein:

„Ja, Herr Pracher, mit dieser Frage beschäftigen wir uns zur Zeit noch. Wir haben aber bereits gewisse Vorstellungen, wie sich dieses Problem lösen läßt.“

Nur einer ist unter den Anwesenden, der Pauls Frage tatsächlich ernst nimmt: Pauls Chef. Da er noch nie einem unterstellten Beamten sein Vertrauen schenkte, hält er Pauls Frage durchaus für angebracht und will nun selbst vom Planungsbeamten wissen, wie sich das Geburtsdatum als Kontrollfaktor in das verwirrende System der EDV einbauen lasse. Doch bevor dieser ihm, einigermaßen überrascht, antworten kann, bricht unter den Grünröcken ein herzhaftes Gelächter aus, das den Chef endlich Pauls Frotzelei erkennen läßt und ihm, ob dessen unverschämter Respektlosigkeit, die Röte ins Gesicht treibt.

Paul grinst, wenngleich er weiß, daß der Chef ihm diesen Fauxpas in aller Ewigkeit nicht vergessen wird; ihn begeistert der unerwartete Erfolg seiner so harmlosen Frage.

Nein, Paul kann vor keiner prickelnd herausfordernden Situation das Maul verschließen. Eines Tages macht er in Begleitung seiner Frieda anläßlich eines frohen Ereignisses beim Nachbarkollegen Mühe einen Besuch. Sie treffen dort nur Frau Mühe mit ihrem vier Wochen alten Baby und drei weiteren Rangen an. Paul hat bereits blitzartig die einmalige Gelegenheit erfaßt, seinen Schabernack zu treiben.

Während Frieda das Baby bewundert und diese oder jene Ähnlichkeit mit seinen drei Geschwistern entdeckt, wartet Paul wie ein Jagdhund auf seinen Einsatz. Seine Frau wirft ihn selbst von der Halsung:

„Nun sag doch auch etwas, Paul! Findest du das Baby nicht süß? Hast du der Frau Mühe überhaupt schon gratuliert?“

„Natürlich habe ich gratuliert, und das Baby finde ich wirklich reizend. Aber sagen Sie“, wendet Paul sich nun fürsorglich der jungen Mutter zu und blickt ihr dabei treuherzig in die Augen, „hat es Mühe gemacht?“

„Nein, Mühe hat es nicht gemacht“, lacht sie glücklich. „Unser erstes ja, doch die drei anderen – nein, wirklich nicht.“

Bitte sehr, da haben wir es! Die erwünschte Situation ist da, und Paul müßte nicht Paul sein, wenn er jetzt auf die Frage verzichtete:

„Aber wenn es nicht der Kollege Mühe war ...“

„Ach, Sie!“ antwortet Frau Mühe verlegen und wird rot.

„Paul, wie kannst du nur! Wie peinlich für Sie, liebe Frau Mühe, aber mein Mann ist unmöglich“, entschuldigt sich Frau Pracher, bevor sie sich verabschieden. Sie hat das Wortspiel nicht begriffen.

In der Kürze liegt die Würze

Der Revierförster in Pampelhausen trug seinen Namen nicht zu Unrecht; er hieß nicht nur Kurzmann, er war auch ein Mann, der sich gern kurz faßte. Jede Schreibarbeit war ihm verhaßt. So begnügte er sich in seinen unumgänglichen Berichten an das vorgesetzte Forstamt, wo immer es anging, mit ein, zwei lapidaren Sätzen. In der Kürze liegt die Würze, meinte Gottlieb Kurzmann und verzichtete auf jedes erläuternde Beiwerk. Daß darunter gelegentlich die Klarheit seiner Aussage litt, störte ihn wenig. „Die", und damit bezog er sich auf den Leiter des Forstamtes und dessen Sekretär, „werden schon wissen, was ich meine." Von der Heiterkeit und den spöttischen Bemerkungen, die seine Berichte gelegentlich auf dem Forstamt auslösten, wußte er allerdings nichts; es hätte ihn auch kaum berührt.

Als Gottlieb die Försterei Pampelhausen übernahm, gestattete die Verwaltung seinem Vorgänger, dem in den Ruhestand überwechselnden Revierförster Buschewald, mit seiner Frau die oberen Räume des Forsthauses weiter zu bewohnen. Buschewald war glücklich, nicht wie andere Forstbedienstete die ihm zur Heimat gewordene Försterei verlassen zu müssen.

Zur Dienststelle Pampelhausen gehörte eine kleine Landwirtschaft, die Gottlieb vom alten Buschewald übernahm. Und da er ein hilfsbereiter Kollege war, gestattete er seinem

Vorgänger, sich in einer der Boxen des Stalles ein Schwein zu halten. Leider fehlte in dieser Box ein Futtertrog, auch war der Stall selbst reparaturbedürftig. Gewissenhaft meldete Gottlieb dem Forstamt die zu behebenden Mängel und wies am Ende seines Berichtes auf den fehlenden Schweinetrog hin. Er tat es mit dem lapidaren Satz:

„Stallgebäude: Ankauf und Einbau eines Futtertroges für den pensionierten Revierförster Buschewald. Kosten: 60, – DM“

Den Schrieb Gottliebs an den Sekretär weiterreichend, konnte sich der Forstmeister die maliziöse Frage nicht verkneifen, ob denn nun der alte Buschewald seine Mahlzeiten aus einem Schweinetrog zu sich nehmen solle.

Wie üblich, hatte Gottlieb sich nach der Übernahme der Dienststelle mit dem Verlauf der Reviergrenzen vertraut zu machen und dem Forstamt über etwaige Grenzmängel zu berichten. Kurz und bündig meldete er:

„Der Verlauf der Reviergrenzen von Pampelhausen ist mir bekannt. Mängel sind nur im Jagen 15 am Feldrain zu verzeichnen, wo die Grenzzeichen durch Pflugeinwirkung z. T. verrückt, z. T. unkenntlich geworden sind.“

Dieser Bericht forderte die Herren des Forstamtes nicht weniger zu spöttischen Bemerkungen heraus als der folgende, zu dem Gottlieb sich nach einem schweren Gewitter veranlaßt sah:

„Im Jagen 18 fuhr am 13. 7. des Jahres, gegen elf Uhr, ein sogenannter Kalter Schlag in eine Kiefer und sprang auf den

Wagen des Fuhrmanns Meier über, denselben am Hinterteil zersplitternd."

So oft auch der Forstmeister Gottliebs Berichte ob ihrer Vergewaltigung der deutschen Sprache in mehr oder minder versteckter Überheblichkeit als Akademiker genoß – einmal verschlug es ihm doch die Sprache. Seine Spottlust wich dem Unmut eines Vorgesetzten. Er fühlte sich persönlich verletzt über etwas, was Gottlieb rein objektiv von sich gegeben hatte.

Zwei Beamte des Landesrechnungshofes überprüften die Jahresabrechnung des Forstamtes. Fast eine Woche saßen sie im Büro hinter den Wirtschaftsbüchern und liefen in den Revieren dem vom Forstamt angekauften Material nach. Wesentliches hatten sie nicht zu beanstanden.

Nur im Revier Pampelhausen kamen sie nicht klar. Zehn Kilo Nägel sollten dort beim Bau von Zäunen und Hochsitzen verbraucht worden sein. Eine große Menge, eine zu große Menge, so schien es ihnen. Also fuhren sie nach Pampelhausen und zählten dort die Nägel nach, die je Hochsitz, je Gatterpfosten und je Gattertor benötigt wurden. Auf ein Kilo entfielen 60 Nägel, 480 Nägel zählten sie – ergo, es fehlten zwei Kilo Nägel.

Gottlieb, von ihnen befragt, ob er dem Forstamt eine Vorratsmeldung über zwei Kilo Nägel gemacht habe, verneinte dieses und fügte ärgerlich hinzu, ob die Herren schon einmal gehört hätten, daß Nägel krummgeschlagen würden. Aber doch nicht gleich zwei Kilo, wurde ihm zur Antwort.

Am Ende fuhren die beiden Herren unverrichteter Dinge zum Forstamt zurück, wo sie den Forstmeister veranlaßten, von Gottlieb Kurzmann einen schriftlichen Bericht über den Verbleib der restlichen Nägel anzufordern. Und Gottlieb berichtete:

Revier Pampelhausen, den 15. 5. 1938

An den Herrn Forstmeister
des Forstamtes Hagen

Betr.: Materialverbrauch
Bezug: Vfg. v. 13. 5. 1938

Sie sind vernagelt. Kurzmann, Rvf.

Wer den Mund zu voll nimmt ...

Sie kannten einander erst ein Jahr, die Reviernachbarn Fritz Kröger und Karl Gosche. Diese kurze Zeit aber hatte ausgereicht, Fritz Kröger seinen Kollegen Gosche als einen Schwadroneur ausgereiftester Sorte erkennen zu lassen. Gosche kam aus einem Niederwildrevier, gab aber vor, besser als jeder andere das im Forstamt stark vertretene Damwild zu kennen und gerecht anzusprechen. Wo immer sich die Gelegenheit dazu ergab, prahlte er mit hohen Strecken, hervorragenden Schüssen und jagdlichen Erfahrungen, so daß man meinen sollte, niemand könne ihm als Jäger den Rang ablaufen. Nicht nur Fritz Kröger stank seine impertinente Überheblichkeit.

Im Herbst hatte Gosche einen IIb-Schaufler zum Abschuß frei. Fritz Kröger führte in der Brunft einen Jagdgast auf einen starken Schaufler. Der Gast, Wilhelm Rode, war ein alter Bekannter des Forstmeisters Bodenbach und hatte in Krögers Revier schon des öfteren auf Damwild gejagt; beide schätzten einander als gute Jäger und hatten sich darüber hinaus angefreundet.

Anfang November gelang es Kröger, Wilhelm Rode am frühen Morgen vom Pirschwagen aus zu Schuß zu bringen. Ein alter starker Schaufler erhielt die Kugel und brach verendet zusammen. Fast zur gleichen Zeit fiel in nicht allzu großer

Entfernung ein Büchsenschuß. Fragend blickte Rode den Revierförster Kröger an:

„Das war bestimmt mein Nachbarkollege Gosche; er wird wahrscheinlich auf dem Brunftplatz im Rutenmoor ebenfalls einen Schaufler erlegt haben. Wenn Sie mit dem Aufbrechen fertig sind, werden wir dort einmal nachschauen."

Bevor sie den Schaufler versorgt und auf dem Pirschwagen verstaut hatte, war etliche Zeit verstrichen. Endlich im Rutenmoor angelangt, stießen sie auf einen bereits aufgebrochenen Schaufler mittlerer Stärke, der durchaus richtig als IIb-Hirsch geschossen war. Gosche selbst trafen sie nicht mehr an; zweifellos befand er sich bereits auf dem Heimweg zu seiner Försterei Prilang, um den Abtransport seines Schauflers zu veranlassen. Die Situation war günstig, Fritz Kröger konnte endlich seinem superschlauen Kollegen Gosche einmal den lockeren Hals stopfen.

Mit vereinten Kräften tauschten sie die beiden Schaufler gegeneinander aus, wobei es ihnen zugute kam, daß die Trophäen zwar nicht in der Stärke, aber doch in der Form einander ähnelten. Dann fuhren sie auf dem kürzesten Weg zur Revierförsterei Prilang, wo sie den Pirschwagen in Deckung eines benachbarten Gehöftes abstellten, bevor sie Karl Gosche aufsuchten.

„Guten Morgen, Kollege Gosche! Sagen Sie – haben Sie heute früh in der Nähe unserer gemeinsamen Grenze geschossen? Kurz nach acht Uhr fiel in Ihrem Revier ein Schuß."

„Ja“, antwortete Gosche, „ich habe im Rutenmoor einen IIb-Hirsch erlegt. Auf einhundertundfünfzig Meter bekam er die Kugel mitten aufs Blatt. Bauer Kruse ist bereits unterwegs, ihn zu holen. Wenn Sie Zeit haben – es dauert allenfalls eine halbe Stunde –, können Sie sich den Schaufler ansehen.“

„Selbstverständlich haben wir Zeit. Den Anblick wollen wir uns doch nicht entgehen lassen, nicht wahr Herr Rode?“ antwortete Fritz Kröger mit boshafter Bereitwilligkeit.

„Darf ich die Herren zu einem Glas Wein ins Haus bitten? Ich habe im Keller einen guten Tropfen, nur für ganz besondere Anlässe. Ein Weinchen ist das, besser finden sie ihn weit und breit nicht“, prahlte Gosche.

„Sie dürfen nicht nur, Sie müssen, lieber Kollege! Ein Schaufler, und sei es auch nur ein IIb, schreit geradezu nach einem guten Tropfen.“

Nachdem Gosche aus dem Keller mit einer Flasche säuerlichen Weines zurückgekehrt war, prostete er seinen Gästen zu und begann von seiner Begegnung mit dem Schaufler zu berichten. Bald waren es zweihundert statt einhundertundfünfzig Meter, auf die er ihm die Kugel angetragen hatte. Am Ende verstieg er sich gar zu der Behauptung, der Schaufler sei, vom Platzhirsch verfolgt, hochflüchtig gewesen, als er die Kugel erhielt.

„Übrigens“, fuhr Gosche fort, „fiel kurz bevor ich ihn erlegte, ein Schuß; gar nicht weit von mir. Haben Sie geschossen, Kollege Kröger?“

„Nein, unser Gast! Leider ohne Erfolg; Herr Rode schoß vorbei“, log Fritz Kröger, und Rode nickte stumm.

Jetzt erschien Bauer Kruse mit dem Schaufler vor dem Forsthaus.

„Ah, da ist er ja schon!“ rief Kröger aus. „Dann wollen wir uns den IIb einmal ansehen. Bitte, Herr Rode! Nach Ihnen, Kollege Gosche; es ist ja Ihr Schaufler!“

„Donnerwetter, ist das ein Schaufler!“ entfuhr es Rode mit gespielter Überraschung.

„Mann Gottes, Gosche, was haben Sie denn da geschossen! Ja, lieber Kollege, das – das ist aber wirklich kein IIb-Hirsch mehr, ein braver, ein kapitaler Schaufler ist das. Junge, Junge – wenn Sie da nur keinen Ärger mit dem Chef bekommen!“

„Aber, Kollege Kröger, ich habe doch – ich verstehe das nicht – ist das denn überhaupt mein Schaufler?!“ Gosche war blaß geworden.

„Wieso nicht Ihr Schaufler? Die Kugel sitzt mitten auf dem Blatt wie Sie es uns selbst erzählten. Moment mal: Herr Kruse, von wo haben Sie den Schaufler geholt?“

„Vom Brunftplatz im Rutenmoor; genau von der Stelle, die Herr Gosche mir beschrieben hat.“

„Na, sehen Sie, Kollege Gosche! Gewiß haben Sie in der Aufregung den Platzhirsch mit einem der Beihirsche verwechselt. Nun geraten Sie doch nicht in Panik; Forstmeister Bodenbach wird Ihnen den Kopf nicht abreißen.“

„Aber nein, ich begreife das nicht! Ich hätte geschworen, daß das nicht mein Schaufler ist. Was soll ich denn jetzt nur machen?“

„Beruhigen Sie sich, lieber Gosche. Wir alle haben schon einmal einen Fehler gemacht. Am besten rufen Sie sogleich den Chef an und beichten ihm Ihr Mißgeschick.“

„Meinen Sie wirklich, ich soll ...“

„Gosche, da geht doch kein Weg drum herum! Ein Ia-Hirsch muß sofort gemeldet werden, damit nicht noch ein weiterer ... Aber das wissen Sie ja selbst.“

„Ja, dann ...“

„Herr Gosche“, unterbrach ihn ungeduldig Bauer Kruse, „was soll denn nun mit dem Schaufler geschehen? Auf meinem Wagen kann er nicht liegenbleiben.“

„Hängen Sie ihn hinterm Haus an den Wildgalgen; ich will ihn nicht mehr sehen!“ entgegnete Gosche ärgerlich und wandte sich verstört dem Haus zu.

„Auf Wiedersehen, Kollege Gosche! Und nochmals Waidmannsheil!“ rief Kröger ihm nach. „Für uns wird es Zeit; Herr Rode hat sich mit dem Chef verabredet.“

Kaum war Gosche im Haus verschwunden, zog Kröger den Bauern schnell ins Vertrauen; grinsend, aus Freude am Spaß, erklärte sich Kruse bereit, abermals die beiden Schaufler auszutauschen, was ihm hinter dem Forsthaus auch unbemerkt gelang.

Dann machten sich Kröger und Rode auf den Weg zum Forstamt.

Dort kam ihnen Forstmeister Bodenbach bereits entgegen:

„Meine Herren, Sie kommen von Prilang? Herr Gosche rief mich vor zwanzig Minuten an. Das ist doch ein tolles Stück: Schießt der Mann einen starken Schaufler und hat nur einen IIb frei. Dabei stellt er sich bei jeder Gelegenheit als Damwildkenner par excellence vor. So leid es mir tut, aber ich muß der Landesforstverwaltung darüber berichten."

„Ja und nein, Herr Forstmeister!" entgegnete Kröger lachend.

„Wieso: ja und nein?"

„Ja – daß Gosche keine Ahnung von der Bejagung des Damwildes hat; nein – daß Sie der Verwaltung berichten müssen."

„Aber ich muß doch ..."

„Herr Bodenbach, Revierförster Gosche hat ja gar keinen starken Schaufler geschossen; er glaubt es nur", warf Wilhelm Rode ein und erzählte ausführlich, was geschehen war.

„Waidmannsheil, Herr Rode! Ich freue mich mit Ihnen über Ihren guten Schaufler. Aber – Kinder, Kinder, Ihr macht vielleicht einen Blödsinn! Sind Sie nicht ein wenig zu weit gegangen? Nun, schaden tut es dem Gosche nicht; das mußte ja einmal so kommen."

„Der hatte längst einen Denkzettel verdient", grinste Kröger.

„Das schon! Aber gänzlich können wir den Vorfall nicht auf sich beruhen lassen. Schließlich muß Herr Gosche wissen, was er eigentlich geschossen hat. Zumindest werde ich ihn anrufen, bevor er mir noch eine Streckenmeldung über den Abschuß eines Ia-Schauflers einreicht."

Am Ende konnte Gosche es drehen und wenden, wie er wollte – peinlich blieb für ihn die Angelegenheit auf jeden Fall. Zwar konnte er sich nach dem Anruf des Chefs von der Richtigkeit des von ihm getätigten Abschusses überzeugen, die Tatsache aber, daß er dem Forstamt den Abschuß eines starken Schauflers gemeldet hatte, bewies seine Unsicherheit im Ansprechen des Damwildes. Zumindest vor seinen Kollegen, die ihm diese Blamage von Herzen gönnten, enthielt Gosche sich künftig jeder Prahlerei.

Le pouce perdu

Hein Haderer war mehrmals verwundet und nicht mehr fronttauglich. Nun tat er wieder Dienst in seinem mecklenburgischen Heimatforstamt. Neben wenigen deutschen Waldarbeitern älterer Jahrgänge standen ihm in seinem Revier Kriegsgefangene unterschiedlichster Nationalität zur Verfügung. Da Hein Verständnis für ihre bedrückende Lage hatte und sie gut behandelte, brachte ihr Einsatz weit weniger Schwierigkeiten mit sich, als er befürchtet hatte.

Ein Bild mecklenburgischer Vertrauensseligkeit, das ihn immer wieder zum Lachen reizte, bot der gutmütige Haumeister Herder, wenn dieser als Wachmann mit einem alten Militärkarabiner den ihm anvertrauten, mit Äxten ausgerüsteten Kriegsgefangenen in den Wald vorausmarschierte. Der Gedanke, ihm könne eines seiner Schäfchen von hinten eine Axt auf den Schädel schlagen, um sich den Weg in die Freiheit zu öffnen, lag bis zum letzten Kriegstag außerhalb seines Vorstellungsvermögens.

Unverständlich blieb Hein die wert- wie mengenmäßig unterschiedliche Zuteilung von Lebensmitteln an die verschiedenen Gruppen der Kriegsgefangenen. Was sollte er auch den Franzosen auf die Frage antworten, warum ihnen nur Freibankfleisch in Dosen, den Russen und Polen aber bestes Frischfleisch, und das obendrein in größerer Menge, zugestanden wurde?

„Mit de Franzosen is ok nich väl los“, klagte ihm eines Tages der alte Forstmeister, der mit Hein im selben Dorf wohnte. „Mit nägen Mann hebben se in dree Dag kuum twintig Meter Brennholt klöwt.“

„Mit neun Mann in drei Tagen keine zwanzig Raummeter? – Bei mir schaffen sie doppelt soviel.“

„Woans dat?“

„’n good Frühstück, ’ne Handvull Tobak un ’ne Buddel Rotspon för dree Mann don Wunner.“

„Kiek, dat heff’k vergäten! Aber de Wien – is dat nich verbaden?“

Natürlich war es verboten, den Gefangenen Alkohol, in welcher Form auch immer, zu geben. Doch Hein tat es trotzdem. Da er in Frankreich gewesen war, wußte er, was der Rotwein den Franzosen bedeutete. Wie konnte er es da übers Herz bringen, ihnen nicht gelegentlich einige Flaschen zuzustecken! Allein schon Pierre Ogres wegen, des Landarbeiters aus der Normandie, mit den Augen eines treuen Bernhardiners und dem Herzen eines Kindes, der jeden Streit ausräumte und Hein niemals fühlen ließ, daß sich ihre Länder miteinander im Krieg befanden.

Eines Nachmittags – Hein saß mit seiner Frau am Kaffeetisch – klopfte es, und Ogre trat ins Zimmer. Seine linke Hand trug er in einem dicken, durchbluteten Verband.

„Was gibt’s, Pierre?“

„Chef, ich malade. Du mir Wagen besorgen, ich zum Arzt. Hand abîmé, kaputt mit Axt.“

„Deswegen brauchst du keinen Wagen; du läufst doch nicht auf den Händen."

„Doch, Chef! – Nein, Chef! – Ich ..."

„Los, Pierre, lauf in die Stadt; du bist doch Soldat!"

„Chef, nix laufen! Ich umfallen vor Stadt."

„Sei nicht so hart!" schaltete sich Hein Haderers Frau ein. „Du siehst doch, daß der arme Kerl kreidebleich ist. Besorg ihm ein Fuhrwerk!"

„So schlimm wird's nicht sein. Ein Kerl wie Pierre ..."

„Doch, Chef! Très mauvais; le pouce perdu. Frau gut, Chef, du auch gut sein!"

„Was heißt: le pouce?"

„Le pouce perdu? Le pouce, en allemand – ich nicht wissen, Chef. Aber hier hast du le pouce!"

Indem griff Pierre Ogre in die Hosentasche, holte seinen in voller Länge abgehackten linken Daumen hervor und legte ihn auf den Kaffeetisch. Blaß, mit schwarzem Trauerrand unter dem Nagel, lag er da und verfärbte mit seinem blutigen Stumpf die lindfarbene Tischdecke. Frau Haderer wurde übel, und auch Hein mußte schlucken; der Appetit war ihnen beiden vergangen.

„Pierre, du bekommst ein Fuhrwerk! Geh zum Bauern Krohn; er soll dich fahren. Warte, ich gebe dir eine schriftliche Bescheinigung mit!"

„Merci bien, Chef!"

„Halt, nimm deinen pouce, deinen Daumen, mit!“

„Ich nicht mehr brauchen.“

„Du nimmst deinen Daumen mit! Der Doktor näht ihn dir wieder an.“

„Nix docteur nähen. Merde! – Schon gut, Chef, j'emporte le pouce.“

Als Hein Ogre zum letztenmal sah, standen russische Panzer vor dem Dorf, und selbst in dieser letzten Stunde des Krieges schenkte Pierre ihm noch sein Vertrauen.

„Fleisch wieder schlecht, stinkt! Du riechen, Chef!“ Bittend hielt er Hein eine Büchse verdorbenes Freibankfleisch unter die Nase.

„Was soll ich tun, Pierre?“

„Reklamieren, Chef!“

„Pierre Ogre, ich habe in diesem verdammten Krieg nichts mehr zu reklamieren. Komm gut nach Hause, Kamerad! Leb wohl und bleib gesund!“

„Merci bien, Chef!“

„Vergiß deinen Daumen nicht, Pierre!“

„Ich nicht vergessen, dich nicht und le pouce nicht. Souvenir Chef! – Merci et au revoir!“

Biederich nimmt Abschied von einem Kollegen

Den Förster Roderich Andersen hat es von einem Tag auf den anderen aus dem Leben gerissen. Als er nahe seinem Forsthaus auf dem kleinen Friedhof zur letzten Ruhe getragen wird, geben ihm mehr als ein halbes Hundert seiner Kollegen das letzte Geleit. Ein grüner Bruch auf dem Grab – und Halali und Jagd-vorbei!

Sie alle sind von weither zur Trauerfeier gekommen. Seine nächsten Freunde werden, wie es Brauch ist, zur Kaffeetafel ins Forsthaus gebeten. Mutter Andersen, Roderichs Frau, bewahrt eine bewundernswerte Haltung; für jeden der Freunde ihres verstorbenen Mannes findet sie ein freundliches, dankbares Wort. Andreas, noch erschüttert vom Tod seines Vaters, steht ihr bei der Bewirtung der Gäste zur Seite.

Nach dem Kaffee wird ein Schnaps angeboten. Aus dem einen werden zwei, und als Andreas zögert, den dritten einzuschenken, meint der alte Förster Biederich – und glaubt, Andreas damit etwas Gutes zu tun:

„Laß nur, Andreas, wir bedienen uns schon selbst! Roderich, dein Vater – mein Gott, wie manchen Schnaps haben wir zusammen getrunken! Wißt Ihr noch, Kollegen, als Roderich damals nach der Jagd . . . ?“

Und schon folgt eine Geschichte der anderen, und jede kreist in herzlichem Erinnern um den Verstorbenen, so daß man am Ende meinen konnte, er sitze immer noch unter seinen Freunden und sie klopften ihm auf die Schulter, trinken ihm zu und – weiß Gott, nun spricht es der gute zu Tränen gerührte Biederich, das Glas hebend, auch noch aus:

„Prost, Kollegen, Roderich soll leben!“

„Onkel Biederich“, unterbricht ihn Andreas, durch die lauten Trauergäste etwas verwirrt, „aber Vater ist tot und ...“

„Weiß ich, mein Junge, weiß ich. Ihr habt viel Pech in den letzten Wochen gehabt.“

„Ja, Onkel Biederich! Für Mutter, für uns alle ist es sehr schwer. Weißt du, es ist merkwürdig – als ob sich Vaters Tod ankündigen wollte: Vor einer Woche ging uns eine der Kühe an Rotem Wasser ein, und zwei Tage später verendete unser alter Treff, Vaters Drahthaarrüde.“

„Sage ich doch, mein Junge, sage ich doch! Immer müssen die Besten zuerst daran glauben.“ Und Biederich, der doch Andreas trösten wollte, überlegt nicht, daß als erste doch die Kuh hatte dran glauben müssen.

„Nein“, sagt Mutter Andersen und blickt verstört auf die lärmende Gesellschaft, „nein, wir sind hier doch in einem Trauerhaus! Und wenn ihr noch beisammen sitzen wollt, bitte, dann geht nun in den Dorfkrug.“

„Hast recht, Hanna! Kommt, Kollegen! ’tschuldige, Hanna, daß wir so laut wurden! Die Freude, Hanna, die Freude, mit den Kollegen über Roderich zu sprechen, die vielen

Erinnerungen!“ Dem guten Biederich stehen die Tränen in den Augen. Doch dann richtet er sich auf und bittet die Kollegen, mit ihm in den Dorfkrug zu gehen. „Seid vernünftig, Kinder! Nicht so laut, wir sind hier doch in einem Trauerhaus!“

Da gehen sie hin, die Freunde Roderichs, und Hanna und Andreas lächeln in all ihrem Schmerz, denn sie wissen, daß keiner von den Freunden den Verstorbenen mehr vermissen wird als der treue alte Biederich.

Am nächsten Morgen geht Andreas mit seiner Mutter zum Friedhof. Als sie vor dem frisch aufgeworfenen Grabhügel stehen, sehen sie aus den Blumen und Kränzen eine Schnapsflasche ragen. Noch verkorkt, mit vollem Inhalt, steht sie da.

„Biederich, Mutter?! Die hat Onkel Biederich dorthin gestellt.“

„Das glaube ich auch, mein Junge. Geh, nimm sie fort!“

„Die Leute, Mutter! Hoffentlich hat es noch niemand gesehen.“

„Und wenn schon! Glaub mir, Junge, du wirst in deinem Leben keinen Menschen finden, auf den du dich so verlassen kannst wie auf unseren alten Freund Biederich.“

Als sie den Friedhof verlassen, begegnet ihnen der Wirt des Dorfkrugs.

„Guten Morgen, Frau Andersen! Ich kam – ich wollte die Schnapsflasche ...“

„Wir haben sie bereits gefunden. Hat man sie Ihnen bezahlt?“

„Ja, selbstverständlich! Aber ich dachte, die Leute, und dann der Pastor! Wenn die sehen, daß ... Wissen Sie, der alte Förster, der Biederich, ließ sich einfach nicht bremsen; partout mußte er Ihrem Mann um Mitternacht die Flasche aufs Grab stellen. ‚Roderich‘, sagte er, ‚de sall nich dösten, wenn wi hier suupen!‘ Bitte, verzeihen Sie, aber ...“

„Machen Sie sich darüber keine Gedanken! Es ist schon gut so.“

„Frau Andersen, da kommt der Pastor aus der Kapelle! Entschuldigen Sie, aber dem gehe ich heute besser aus dem Weg. Auf Wiedersehen, Frau Andersen! Auf Wiedersehen, Andreas!“

Der Pastor, ein hagerer Asket, dem Magengeschwüre den Leib krümmen, kommt ihnen mit bitterer Miene entgegen.

„Frau Andersen, es tut mir in der Seele weh!“

„Sie sagten es gestern bereits, Herr Pastor! Ich danke Ihnen!“

„Gestern? Verzeihung, da war es doch noch gar nicht geschehen. Es ist eine Schande, eine Lästerung des Verstorbenen, ihm – und das mitten in der Nacht – eine Flasche Schnaps auf das Grab zu stellen. Ich, liebe Frau Andersen, möchte mich für diese ruchlose Tat eines unserer Mitmenschen in aller Form bei Ihnen entschuldigen. Ich weiß nicht, wer diesen verwerflichen Gedanken gehabt hat; ein guter Mensch kann es gewiß nicht gewesen sein.“

„Sind Sie sich dessen so sicher, Herr Pastor?"

„Frau Andersen?!"

„Ich sehe das etwas anders als Sie. Ich weiß, wer es getan hat, und ich weiß, daß dieser ruchlose Mensch sein letztes Hemd für uns hergeben würde. In einem stimme ich Ihnen allerdings zu: Ich sehe im Schnaps im allgemeinen auch kein Weihwasser. Wenngleich ich in diesem Fall ... Doch nun: Auf Wiedersehen, Herr Pastor!"

„Frau Andersen, aber Frau An – der – sen!"

Sicher

hat Ihnen dieses Buch gefallen –

und Sie legen Wert darauf, unser vollständiges Buchprogramm kennenzulernen. Schicken Sie ganz einfach diese Karte – mit Ihrer Anschrift versehen – an uns. Sie werden dann laufend über unsere Neuerscheinungen aus den Bereichen Natur und Umwelt · Tier und Natur · Jagd · Aquaristik · Terraristik · Afrika unterrichtet. Sollten Sie Freunde oder Bekannte haben, die sich ebenfalls für unsere Bücher interessieren, teilen Sie uns bitte die Anschriften mit. Danke!

IHR
LANDBUCH-VERLAG